京都の値段

文 柏井 壽
写真 ハリー中西

プレジデント社

円		頁
0 円	「染井の名水」	6
50 円	錦市場「近喜」の小さいひろうす	8
50 円	「長久堂」の桜千菓子	10
60 円	「鳩居堂」の絵葉書	12
150 円	「出町ふたば」の豆餅	14
200 円	「こんなもんじゃ」の豆乳ソフトクリーム	16
200 円	「よーじや」のユニパック	18
200 円	「湯波半」の引き上げゆば	20
300 円	「一保堂茶舗」のいり番茶	22
300 円	「大文字送り火」の護摩木	24
300 円	「大弥食堂」のかやくうどん	26
340 円	「船岡温泉」の入湯料	28
350 円	「紫野源水」の涼一滴	30
400 円	「麩嘉」のちらし麩	32
400 円	「野呂本店」のしば漬け	34
430 円	「聖護院八ツ橋総本店」のカネール	36
500 円	「原了郭」の粉山椒、黒七味	38
500 円	「祇園祭」のちまき	40
500 円	「亀屋粟義」のみたらし団子	42

京都の値段●目次

600 円	「○竹」の中華そば	44
650 円	「とようけ茶屋」のとようけ丼	46
700 円	「イノダコーヒ」のロールパンセット	48
700 円	「細見美術館」の入館料	50
700 円	「アッサム」のアイスティー	52
800 円	「BAR K6」のカクテル	54
800 円	「ベージュ・カフェ」のグラスワイン	56
800 円	「松屋常盤」の味噌松風	58
800 円	「鳥岩楼」の親子丼	60
850 円	「ひさご」のにしんそば	62
900 円	「有次」の抜き型	64
900 円	「カフェリドル」のアイスコーヒー	66
1000 円	「俵屋旅館」のソープケース	68
1000 円	「黒豆茶庵 北尾」の黒豆御膳	70
1000 円	「はれま」「やよい」「しののめ」のじゃこ山椒	72
1100 円	「市原平兵衛商店」の京風もりつけ箸	74
1200 円	「ないとう」のささみトマトクリームコロッケ	76
1700 円	「大國屋」のぶぶうなぎ	78
1800 円	「桃庭」のランチ	80

2000 円	「宮脇賣扇庵」の夏扇子	82
2100 円	「いづう」の鯖姿寿司	84
2500 円	「近又」の朝ご飯	86
3000 円	「いもぼう平野家本家」の花御膳	88
3300 円	「一澤帆布」のトートバッグ	90
4000 円	「ぎをん まんざら」の町家の和食	92
4000 円	「なかひがし」の昼ご飯	94
5000 円	「辻留」の弁当	96
5000 円	「桜田」の昼膳	98
5000 円	「阪川」の鱧しゃぶ	100
6000 円	「花吉兆」のミニ会席	102
6000 円	「開化堂」の茶筒	104
6800 円	「忘吾」のおまかせコース	106
7000 円	「丸梅」の一席	108
10000 円	「よねむら」の夕食	110
18000 円	「千ひろ」の夕食	112
0 円	「賀茂川」の飛び石	114

宿の値段

8500 円	「田舎亭」の片泊まり	*116*
8500 円	「御宿にわ」の一泊二食付き	*118*
27000 円	「要庵 西富家」の夜泊まり	*120*

京都「足」の値段 *124*

500 円	市バス専用一日乗車券カード
580 円	MKタクシーの初乗り運賃
1000 円	無印良品のレンタサイクル
1200 円	京都観光一日乗車券

店案内マップ *126*

京都を知る アクセス先 *130*
本書の使い方 *131*
索引 *132*

「染井の名水」

水が湧き出ている。

京都御所の東北、梨木神社の境内。

京都三名水のひとつに数えられる「染井」の名水。

水汲みの列は途切れることがない。

江戸時代、童歌に歌われた京都名物九つ、真っ先に挙がるのが水。水、水菜、女、染め物、みすや針、豆腐、生麩、鰻、松茸

だがよく見れば、残りの八つのうち、水と直接関係しないのは、みすや針だけ。

後はすべて、京の水がなければ育たない。

京の文化はすべて水が育てたもの。

京都を旅するお目当て。

京料理。わけても京野菜、京豆腐、京生麩。

京土産。わけても京漬物、京の和菓子。

どれもが京都の水をなくしては、あり得ない。

青竹の先から滾々と湧き出る水、そっと口に運んでみる。

ひんやりと舌に沁み、甘露が喉を滑っていく。

これが京都の原点。0円で味わえる贅沢なのである。

京都の旅は水で始まる。

「染井の名水」
京都は、やっぱり、水が良い土地なのかなって思う。豆腐とか、生麩とかお菓子とか、あと染めものなんかも、水が良くないといい物は出来ないからね〜。京都は水に守られている感じがするなぁ〜。

飲んでみたいです。

錦市場「近喜」の 小さいひろうす

ひろうす。ポルトガル語だそうである。漢字で書けば飛竜頭。関東でいうならガンモドキ。豆腐の水分を抜き、山芋のおろしたものを混ぜ、油で揚げたものをいい、精進料理はもとより、いわゆる「京のおばんざい」には欠かせない食材である。

飛竜頭。今でこそ豆腐を使うが、ポルトガルから伝来した時には、米粉を水溶きして油で揚げたものを、ひろうす、と呼んでいた。水で溶いた米粉が油に入った瞬間に散る様が空を飛ぶ竜の頭に似ていることから飛竜頭と名付けられたという。

軽く出汁を煮含ませただけでも充分美味しいが、そこに銀餡、または野菜餡でもかければ、立派な一品になる。

木耳（きくらげ）、銀杏、百合根、人参など、具のたくさん入った大きなひろうすも、それはそれで美味しいものだが、ひとつ丸々食べたら、けっこうお腹が膨れる。その点、この「近喜」の小ぶりのものは食感が軽くて使い勝手がいい。いろんなものを少しずつ食べたい、そんな時代のニーズが生んだものだろう。

ところで、この錦市場の「近喜」と、雑誌によく登場する四条河原町を下がったところにある「近喜」（きんき）とは別の店である。もとを辿れば同じ店だろうが、何代目かで枝分かれした、京都ではよくあるパターン。ちなみに四条の方は「賀茂とうふ近喜」が正式な屋号である。それぞれに、こっちの店でなければ、と熱烈なファンがいて、頑なにこだわるあたりも京都ならではの話。

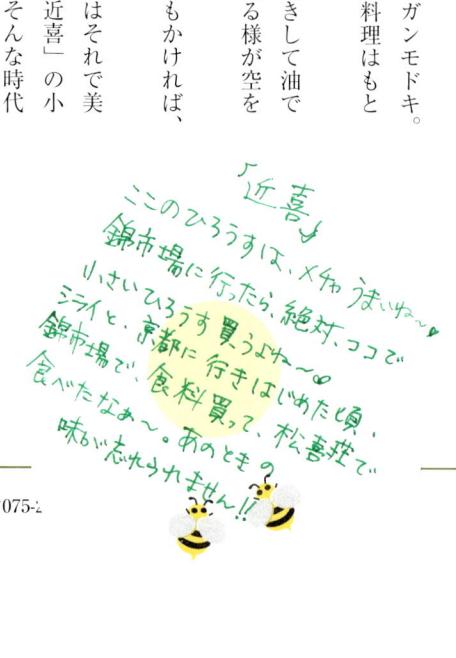

中京区錦通富小路東入ル　☎075-221-1931

「長久堂」の 桜干菓子

50円

たいていの子供たちは「苦〜い」と言って顔を顰める抹茶、僕はだけど幼稚園の頃から好んで飲んでいたと、ずいぶん後になって親から聞かされた。今でいう三世代住宅、祖父母と寝起きを共にしていたので、おやつの時間は、よく一緒にお茶を飲んだ。

普段は番茶であっても、おやつの時は「いいお茶」という名の煎茶、あるいは紅茶、コーヒー、そしてお抹茶。日によって、お菓子によって飲み分けるひとときは子供心にも幸福な時間だった。

少し薄めに祖母が点ててくれる抹茶、飲む前に必ず口に入れるのが干菓子。抹茶碗にお湯を注ぎ、茶筅を入れる、まさにその瞬間に「さぁ、お食べ」、よーいどん、で口にぽいと放り込む。すぐに舌の上で溶け、やがて舌に甘さが染み込んでいく。僕はきっと、この干菓子を楽しみに抹茶を好んで飲んでいたのだろう。干菓子は決まって「長久堂」の「花面」。能面を象ったもので、子供の眼にはちょっと怖いが目を瞑って口に入れると甘い幸せが訪れる。

この「長久堂」には「きぬた」という銘菓もあり、これも茶菓子としてよく登場した。紅色の羊羹を白い求肥で包み、和三盆糖をまぶしたもの。干菓子が舌の上ですーっと溶けるのも、この和三盆のおかげだと聞かされて、僕はワサンボン、三本の輪を想像していて、輪三本と書くものだとずっと思い込んでいた。 有平糖の飴菓子も、舌にひんやりと涼しい。目には春爛漫、口の中には初夏の風が吹く。

本物より美しく桜を象った干菓子。

買

北山店　北区上賀茂畔勝町 97-3　☎ 075-712-440

「桜干菓子」だって〜!!
まぁ、見た目もカワイイんじゃね〜♥
こういう、和三盆を使った干菓子って、
たまらなくウマイ!! でも子供の頃は
「何がいてんじゃ?」って思ってたな...
これも、年を取ったからかな...?

「鳩居堂」の絵葉書

旅の宿。夕餉の後の昂揚した旅気分に、ふと目にとまった文箱から絵葉書を取り出し、筆をとる。旅先での感動を彼の人に伝える……。

そんな、まどろっこしいことをしなくても、親指一本動かして、ピ、ピ、ピピ。メール一本で事は済む。そんな時代なのだろう。

だからこそ、葉書一葉認めることが新鮮なのではないだろうか。京の都発ならなお一層。とはいうものの、真っ白な葉書にさて何を書けばいいのか、考えあぐねて結局仕舞い込んでしまったのでは情けない。

桜、蝶々、季節の絵柄がワンポイント。「鳩居堂」の絵葉書なら、さらりと筆が進む。擦れの残る和紙の風合いは、悪筆を補って余りある。思いのままを綴ればいい。切手を貼って百十円。メールでは伝えきれない気持ちと京都の空気をこめられるなら安いもの。そのまま持ち帰って土産にしても気が利いている。

さて「鳩居堂」。店には芳しきお香の香りが立ち込めていて、葉書にも微かに香りが残る。それもそのはず、もとをただせば、店の始まりは熊谷直実の子孫、熊谷直心が始めた薬種商。転じて薫香作りに挑んだのが今から三百年以上も前のこと。以後、文房四宝を商い続けて老舗の地位を不動のものにした。

正月前にはポチ袋、夏になれば暑中見舞いの葉書を求めて、折に触れ、「鳩居堂」の香りを嗅ぐたび、季節を感じるのが京都人なのである。

中京区寺町姉小路角上ル本能寺前町520 ☎0...

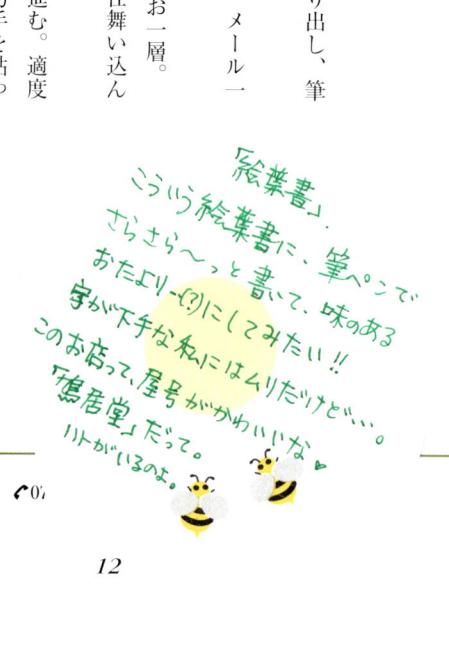

「出町ふたば」の豆餅

若狭から京の都へ、日本海の鯖を運んだ鯖街道の終点、出町枡形商店街。その掛かりにある「出町ふたば」の店の前が閑散としている。ああ、今日は火曜日か、と。それほどにこの店先には定休日以外、ずっと行列が絶えることはない。隣の店の邪魔をしないようにと、峠道のように折り返して、幾重にも列が重なる。お目当てはもちろん名物「豆餅」。

こんもりと丸い餅から、ぴょこん、ぴょこんと豆が飛び出ている。この姿形が愛らしい。取り澄ましたかのような上生菓子より、うんと親近感がもてる。

京都人は、この「出町ふたば」のような店は親しみを込めて「お饅（饅頭）屋さん」と呼び、一方で、上生菓子を商う店は、ちょっと改まった気持ちで「お菓子屋さん」と呼んで区別している。

茶席で出てくるような生菓子は、黒文字を使い、懐紙か菓子皿にのせて食べるが、「お饅」は手づかみで食べるのがふさわしい。

飛び出た豆が幾粒か口に入るように齧（かぶ）りつく。ねっとりとした餅に続くのは、赤えんどうの歯触りとほのかな塩気。その後をあっさりとした漉し餡の甘みが追いかける。

大福餅とは違って、こちらの主役は餡ではなく、豆の絡んだ餅の味わい。それを引き立てるのが漉し餡の役目なのだ。

だからこの菓子は、真ん中の餡のところを先に食べて、残った餅と豆を、指先にくっついた餅を舐めながら絡めて食べるのが正しい食べ方なのである。

上京区出町通今出川上ル青龍町236　☎075-231-1658

「こんなもんじゃ」の豆乳ソフトクリーム

人の多い錦市場の中でも、ひときわ目立つ人波の真ん中に「こんなもんじゃ」といういささか風変わりな名前の店がある。

京都の豆腐屋さんの中では比較的浅い歴史ながら、近年めきめき頭角を現してきた「京とうふ藤野」のアンテナショップだ。北野の天神さんに程近い一条通に本店を持ち、豆腐ブティックと称して、これまでになかった新たな店構えで人気を呼んでいる。さらには「とうふ屋のお昼ご飯」を出して外食産業にも乗り出した。最近この店が力を入れているのが豆腐を原料にしたデザート。健康志向の波に乗って行列のできる店になっている。

こうした新興勢力に刺激を受けた老舗が本腰を入れ、互いに鎬を削り、さらに市場を広げていくのも京都の底力である。豆腐屋さんの店先が日に日に賑やかさを増していくのは楽しいものだ。

牛乳の代わりに豆乳を使ったソフトクリームは、とろーりとろける舌触り、控えめな甘さが絶妙。豆臭さは微塵もないけれど、いかにも身体によさそうなのが、人気に拍車を掛ける。京都の変わりソフトクリームはこれだけではない。元祖ともいえるお茶屋さんの抹茶ソフト、七味屋さんの七味ソフト、さらには伏見の酒を使った吟醸ソフト、なんてものまである。

百花繚乱、京の街角にソフトクリームが似合うかどうか、意見の分かれるところだろうが。

中京区錦小路通堺町西北角　☎075-255-3231

「よーじや」のユニパック 200円

今や京都を訪れる修学旅行生のお土産ナンバーワンといわれる「よーじや」のあぶらとり紙。近年突如として大ブレークした商品だが、その歴史は古く大正時代に遡る。

「よーじや」その店名は、当時歯ブラシのことを指した楊枝に由来する。明治末期に創業し、化粧品を中心に、日常雑貨を商う、どちらかといえば地味な店だったが、大正初期に売り出した「あぶらとり紙」が八十年の時を経て、一躍脚光を浴びることとなった。

京都旅、大きさも値段も手頃で、かつ、さほどその存在が知られていなかったこの商品、格好の京都土産として人気を集めたのだ。

もとをただせば、金箔を打ち伸ばす際に使われた和紙。「よーじや」はこれを、使い切りの小さな手帳サイズに切り替えたことで成功を収めた。発想の転換。いうなればアイデア商品。

そこでこのユニパック。

小はマッチ箱サイズから、名刺、手帳サイズまで三種類の透明ビニール袋のアソートセット。「よーじや」お得意のサイズ、顔ロゴが何とも愛らしい。さて、何を入れようかと考えるだけでも楽しい。

まず一番小さいのにはサプリメント、デジカメのメモリーカード、目薬。大きいのにはリップクリーム。旅行の準備をいっそう楽しくさせてくれそうだ。

「あぶらとり紙」ほどには知られていないので、京都土産にもおすすめ。

祇園店　東山区祇園四条花見小路東北角　☎075-541-0177

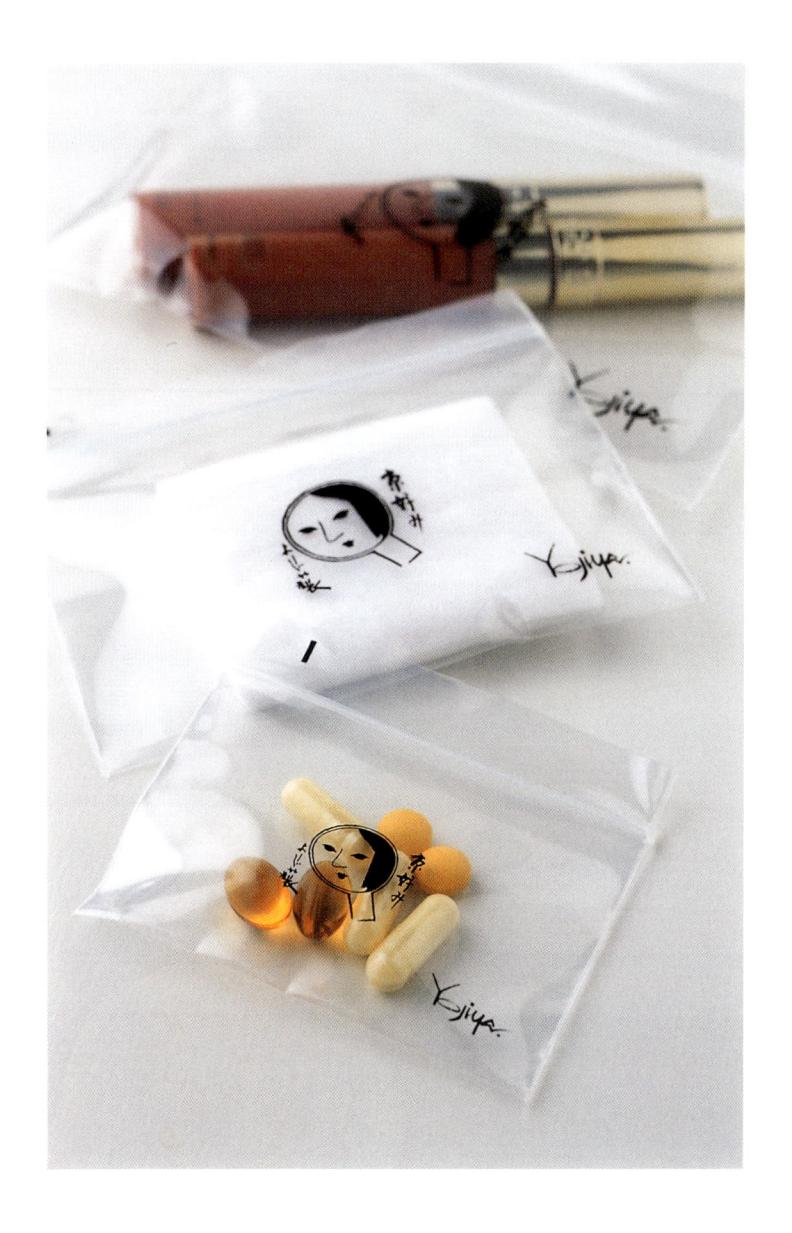

「湯波半」の引き上げゆば

豆腐、生麩と並んで、京都の三大人気食材である生湯葉。低カロリー高タンパクの植物性食品は近年の健康志向もあって、その人気は鰻登り。これらを商う店も急増している。

ではあるが、湯葉の歴史は千年にも及ぶ。鎌倉時代に中国の禅僧が、その製法を日本に伝えたといわれ、精進料理の主要食材として寺方から、公家、やがて町方へと、時代とともに広まっていった。

煮立てた豆乳の表面に出来るのが湯葉。豆腐の上側がやがて、うわ、うば、ゆば、へと転じたのが湯葉の語源とされている。豆乳の煮えばな、最初に出来る上澄みが「汲み上げ湯葉」、その後が「刺身湯葉」。さらに煮立った後に出来る厚めの膜が「引き上げ湯葉」。ここまでが生湯葉で、それから後に出来たものは乾燥させて「乾し湯葉」になる。

後から出来るものほど日持ちがいい。とはいえ、乾し湯葉を土産にするのも味気ない。引き上げ湯葉あたりがちょうど頃合い。

そのまま造りにして山葵醤油で食べるのが一番だが、湯葉の出来不出来がはっきりわかる。

創業三百年にもなろうかという老舗中の老舗、「湯波半」の「引き上げゆば」なら豆の香りも生きていて、舌触りも、つるりと滑らか。

朝早く本店を訪ねてのつまみ食いがおすすめ。老舗の温もりに心が和らぐ。

買

中京区麩屋町通御池上ル　☎075-221-5622

20

「引き上げゆば」
湯葉って、ウマイのよね〜♥
ワサビ醤油で食べるのが、最高に
ウマイと思っています!!
この湯波半 というお店の湯葉は
豆の香りも残っているそうな…
是非食したい…。店で、ツマミ
食いが、出来るのかしら？
MILK

「一保堂茶舗」の いり番茶

クセになる香りである。

とはいっても、普通の緑茶のような繊細な香りではなく、たとえるなら焚き火の傍、あるいは葉巻の煙。そんなワイルドな香りがこの「いり番茶」の身上である。

一番茶を摘んだ後、切り落とした枝や茎、葉っぱを長時間蒸す。それを揉まずに乾燥させ、仕上げに高温に熱した鉄板の上で三分ほど強火で煎って出来上がり。

独特の芳ばしさと後口のよさで食後にちょうどいい。

「草食（そうじき）なかひがし」や「よねむら」など、京都の料理屋で食後に出されるのは多くがこの「一保堂」のいり番茶。「京番茶」と呼ばれるほどに京都では慣れ親しまれているお茶だが、慣れないうちは、この香りが気になるようで、初めて飲んで不良品ではないかと問い合わせる向きもあるらしい。まずはお店で試してから。

デパ地下の出店でも売っているが、できれば寺町二条の本店で求めたいところ。寺町通、その名が示すように、かつてはお寺がずらりと軒を並べていたが、今は画廊や骨董商、和紙の店など、京都ならではの文化が薫る商店街になっていて歩いて楽しい街並みである。なかでも「一保堂」の店先には老舗独特の風格が漂っていて、「茶」の文字がどっしりと構える暖簾をかき分け、店に入ると享保年間創業の歴史が醸し出す空気が何とも心地いい。

買い求めたなら、大きなやかんにお湯を沸かし、沸騰したら火を止めて、ふたつかみほどを入れて待つこと十分。ほっこりと、京都が香り出す。

中京区寺町通二条上ル　075-211-3421

「大文字送り火」の 護摩木

京都の夏といって、誰しもが思い浮かべるのが「祇園祭」と通称「大文字」「五山の送り火」。真夏の暑さは実際には二ヵ月以上も続くのだが、歳時記的に言うと、「祇園祭」から「五山の送り火」まで、京都の夏はひと月余りと短い。

夏の始まりは心が浮き立つが、夏の終わりは心寂しい。

夏の盆、六道珍皇寺の迎え鐘で迎えた先祖を送り火で彼岸へ送り帰す。家々だけでなく、京の街、こぞって送る火が「五山の送り火」なのである。山焼きとは根本的に意味合いが違うもの。決して「大文字焼き」とは呼ばないようご注意あれ。京都を何も知らない、と自ら宣言するようなものだから。

五山、の名のとおり、京都盆地をぐるりと囲む五つの山に送り火が灯される。

鳥居だけは洛西嵯峨にあるので市内中心部からは見づらいが、後の四つは、少し移動すれば市内のあちこちからすべてを仰ぎ見ることができる。

主役はやはり東山如意ケ嶽の大文字。大の字に広がり燃え盛る炎、ここにくべる護摩木を大文字山の麓、銀閣寺の門前で当日の朝、奉納できる。三百円を納め、願いを書き入れ火床へと運んでもらう。

賀茂川の河原、出雲路橋辺りからのプロポーションが一番綺麗だ。炎の中に納めた木札があれば想いはいっそう深まる。揺らめく炎の中で、そっと先祖が見守ってくれている。

大文字保存会

「護摩木」。今まで「五山の送り火」って言葉、名称はもちろん知っていたけど、意味を考えたことなくて……。送り火ってお盆の時の送り火なのね……。規模が大きくて、思ってもみなかったです……。ご先祖様を、一斉に、送り出すイメージです。

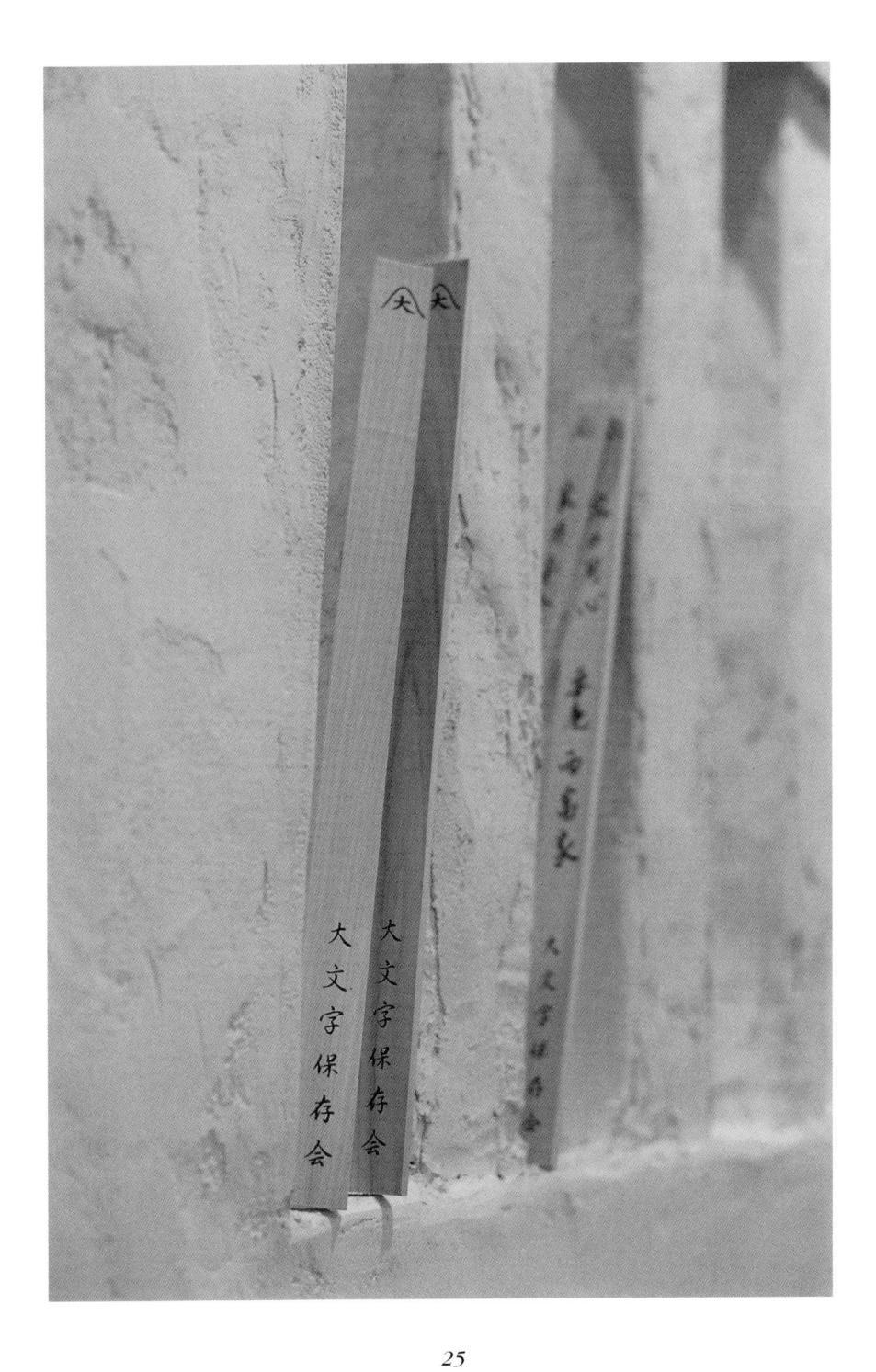

「大弥食堂」の かやくうどん

関東がそばなら、関西はうどん。近頃では讃岐うどんが人気を呼んでいるが、うどんの本場はやっぱり関西。なかでも大阪代表は「きつねうどん」、落語なら「けつねうろん」。対する京都代表といえば、「かやくうどん」だろう。

かやくといって思い出すのは、カップ麺に必ず付いてくる小袋。フリーズドライにされた蒲鉾や葱。加薬と書いて、かやく。もとは漢方薬の用語で、転じて、関西のうどんやご飯に加える具を指すようになった。

店によって多少の違いはあるものの、たいていは、蒲鉾、板麩、厚焼き玉子、甘辛く煮つけた椎茸、海苔、三つ葉、などなど。

関東でいう「おかめうどん」。こちらは、同じような具を、おかめの面のように並べたことからその名が付いた。

椎茸以外は具に味がついていないので、出汁の味がストレートに出る。

八十をとうに越えた名物お婆さんが早朝から出汁をとって準備する店、京都駅にも程近い、本願寺の傍にあるので、早朝に京都に着いた観光客の朝食代わりとしても知られている。

かやくうどん三百円也。世界中どこにでもあるファーストフードの店なら同じ値段で飲み物まで付くと嘯く友人にすすめたら、やみつきになったと見えて、今やすべてのメニューを制覇したと自慢している。

出汁、うどん、そして具。三位一体となった味わいは三百円で味わえる京料理の原点と言ってもいいだろう。

下京区下珠数屋町通東間之町東入ル　☎075-371-1194

「かやくうどん」
実は…本当は…うどんより、そば派なのです。が、しかし‼︎ かつお出汁がじゅわ〜ってきいているかけうどんは、疲れた体には、しみわたる〜のです。しかも、こんなお店、かやくうどん 1杯 300円だって。安いのです。

「船岡温泉」の入湯料

京都の街を歩いていると、あちこちで「ゆ」、銭湯の暖簾を見かける。それもたいていがレトロな建物で、街並みにしっくりと溶け込んでいる。

京都はまた、学生の街でもある。今のリッチな学生生活からは考えも及ばないが、かつて京都の街に下宿していた学生たちは、そのほとんどが内風呂を持たない貸間暮らしで、当然ながら近所の銭湯を利用していた。

下宿という言葉さえ死語になりつつある今、ワンルームマンションには必ずといっていいほどユニットバスが備わっていて、銭湯で学生の姿を見かけることはほとんどない。

ピーク時の昭和三十年代には六百軒あったという京都市内の銭湯も今や半分以下にまで減ってしまった。さらにはスーパー銭湯なる大規模なレジャー施設まで登場、防戦一方の町場の銭湯を支えているのはお年寄り、銭湯マニア、そして旅行者である。

今ある銭湯の多くは大正から昭和の中頃までに建てられたもので、アプローチ、佇まいからしてノスタルジーを掻き立てられる。その代表ともいえるのが、洛中西陣にある、この「船岡温泉」。

まるで温泉地の老舗旅館のような玄関、暖簾を潜ると脱衣場の天井から欄間に至るまで、見事な彫刻がさまざまな物語を思い起こさせ、タイル絵の富士山、マジョリカタイルの花模様、と見どころは尽きない。

大徳寺参詣の帰途、ふらりと立ち寄り、ジェット風呂、露天風呂で汗を流す。三百四十円で身体も眼も、ほっこり喜ぶ。

北区紫野南舟岡町 82-1　☎075-441-3735

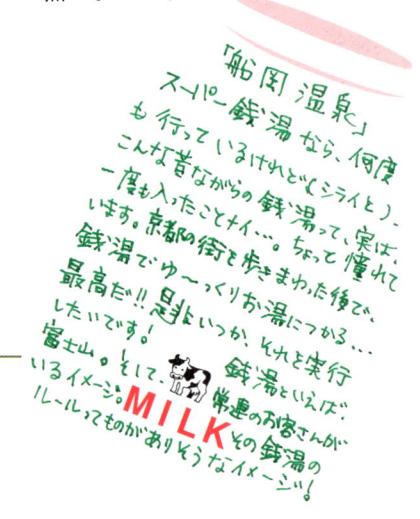

「紫野源水」の涼一滴

「お饅屋さん」と「お菓子屋さん」の違いは先に書いた。この「紫野源水」は後者の方である。とはいっても、業種として厳密に区別されているわけではない。京都人の胸のうちで、自然とそう分類されているだけなのである。

では、何を基準に区別するかというと、自分で食べるか、親しい人にちょっとした手土産に使うのが「お饅屋さん」の菓子で、改まった時にお使いものにするのが「お菓子屋さん」の菓子なのである。これを間違えると京都ではちょっと困った事態に陥る。無礼、あるいは無知、という烙印を押されてしまうのだ。

ではあるが、その違いを深刻に考えなくても菓子屋の方で教えてくれる。例えばこの店を訪ねて「涼一滴」を五個買い求めるとしよう。すると決まってこう尋ねられるだろう。

「お箱はどういたしましょう」続いて、「お熨斗はどうさせてもらいましょう」と。

箱に入れる、すなわち、改まったお使いもの、なのである。老舗の菓子屋ほどには敷居が高くなく、もちろん自分用に買い求めてもいい。季節の上生菓子も麗しく、土産物屋ほどにはありふれていない。実に重宝な店である。

菓子は、その菓名も大事な要素。「涼一滴」、何と涼しげな響きだろう。賀茂川の源流から湧き出る岩清水をも想わせる。ひんやりとした舌触り、あっさりとした甘みが暑さを和らげてくれる。

北区北大路

「麩嘉」の ちらし麩

麩、読み仮名としては、ふ、なんだろうけど、京都ではたいてい、ふう、と発音している。さらに親しみを込めて、ふうさん、と呼ぶことすらある。

例えば、すき焼きを食べていたとして、母親が言う。

「ふうさんばっかり食べてんと、お肉も食べんと大きいならへんえ」

一度ならずも子供の頃にそう言われた経験があるのが京都人、それほどに麩を好むのだ。もちろんこの場合は焼き麩。ここでいう生麩とは性質の異なるものだが、いかに京都といえども、生麩が簡単に入手できるようになったのは近年のこと。それまでは乾物の麩を戻して食べていたわけである。

夏の祭礼、ご馳走はちらし寿司。学校から戻ると、むせかえるようなお酢の香りが家中に広がっていて、仕上げの段階、お湯で戻した花麩を飾りつけて出来上がり。まったく歯ごえのない焼き麩と違って、むっちりとした麩の感触が何とも嬉しかった記憶がある。

時を経て、笹に包まれた麩饅頭を初めて食べたのが生麩デビューだったか。それがこの店「麩嘉」製。もちろん「ふか」ではなく「ふうか」と読む。以降、正月の雑煮には色鮮やかな手毬麩、串に刺して生麩田楽と生麩料理のバリエーションは広がり、今や冷凍庫には生麩を常備するようになった。

それでもやっぱり戻した麩の味わいも懐かしく、この「麩嘉」のちらし麩も食品庫には欠かせない。

錦店　中京区堺町錦小路角　☎075-221-4533

「野呂本店」の しば漬け

京都を訪れた旅人、恐らくは半数以上が漬物を土産に買って帰るのではなかろうか。比較的嵩も低く、値頃で、何より貰い手を選ばないのがいい。万人に向く京土産といっても差し支えないだろう。

老舗、名店、数ある中で、あの店、この店、と各人各様、好みが分かれる。浅漬けはここ、糠漬けはあそこ、とアイテム別に店を使い分ける向きも少なくない。

僕はしかし、漬物全般、お使いものにはこの「野呂本店」とおおよそ決めている。むろん食べてみて美味しかったから、というのが、その第一の理由だが、他に出店がない、のも、この店を選ぶ決め手になった。せっかく京都まで来て買って帰ったのに、東京のデパートに並んでいたのでは、ありがたみが薄れる。

寺町通今出川上ル。京都御所に程近い洛中に構える店、「野呂本店」の漬物は、ただここ一軒でしか買えない。季節に応じて、さまざまな京野菜の漬物が並ぶが、夏の楽しみはしば漬けに限る。

洛北大原特産の「ちりめん赤紫蘇」ならではの鮮やかな赤紫に夏野菜が染まる。

平清盛の娘、建礼門院は平家滅亡の後、出家して大原寂光院で余生を送り、大原の里人たちは尼僧を手厚くもてなした。贈られた品々の中でも一番のお気に入りがこの、しば漬けだったという。栄華を誇った古を思い出させる紫色。建礼門院はこの漬物を「紫葉漬け」と名付け、後にそれが「柴漬け」に転じたという。そんな里人の心が今もこの漬物には込められている。

上京区寺町今出川上ル立本寺前町77　📞075-231-0749

「聖護院八ッ橋総本店」のカネール

「八ッ橋」と言えば、煎餅のようなかたい焼き菓子。子供の頃にはそんなイメージだったのが、時代の移り変わりとともに、やわらかい生八ッ橋が主流になってきた。首振り人形でお馴染み、餡を包んだ三角形の生八ッ橋が一世を風靡したからである。

江戸時代から作られていたという八ッ橋が、広く知られるようになったのは明治の末期。保存の利く京土産として、駅の売店、今でいうキヨスクで売られるようになってからのことである。当時から京都の和菓子は人気商品だったが、多くは生菓子、日持ちがしないことから土産には向かなかったようだ。そこへいくと、この八ッ橋はかたく焼き上げられているので、日持ちもよく、形崩れもしにくいことから人気を呼び、異国の香りがする肉桂(シナモン)の風味も相俟って飛ぶように売れたという。

時代は巡る。

修学旅行生の京土産ナンバーワンとまで言われる「粒餡入り生八ッ橋」。今や誰もが八ッ橋といえば生八ッ橋を思い浮かべるようになった。となると、人間というのは勝手なもので焼いた八ッ橋が懐かしくなる。

今食べてみるとかえって新鮮かも知れないとばかり、デパ地下で八ッ橋の出店を覗いてみた折、偶然見つけたのが、この「カネール」である。

懐かしい味わいと香りながら、細巻きスタイルが新しい。さらにはコーヒーフレーバーになると、苦味が効いて、とても八ッ橋とは思えない。まさに大人の京土産。ヒットの予感。

本店　左京区聖護院山王町6　☎075-752-1234

「八ッ橋」
八ッ橋はお好きですか？。私は実はあまり好きじゃないのですけどね〜。でも京都行ったら必ず買って帰るのです。何故なら姉上がとっても大好きだから…。でも八ッ橋と言っても、生八ッ橋、固い八ッ橋を買って帰るとおこられます…。ちなみに、ウチのローリーさんも八ッ橋が大好きです…。へんなの…。

「原了郭」の 粉山椒、黒七味

京都人はとにかく山椒が大好きだ。

それは京都という土地が山椒の木が手近にある山国であることと、においの強い川魚を食べる機会が多いことから。山椒は季節を告げるメッセンジャー。山椒の木が香り出すと京都人は春到来を感じる。底冷えの京都で何より待ち望まれる季節、それが春。

春を告げるジャパニーズスパイス、山椒。

木の芽、花山椒、実山椒、季節の微かな移ろいとともに短い山椒の変化を楽しむ。しかしその旬はすぐに終わる。

行く春を惜しむ気持ちからか、何とか年中この山椒、香りだけでも楽しめないものか。ならば粉山椒。これこそが京都の香り。

かのスペインの奇跡のレストラン「エル・ブジ」のフェラン氏も山椒の香りに魅せられたひとり。

それはさておき、京都人はこの粉山椒、何にでもふりかける。鰻重、もちろん。カツ丼、当然。きつねうどん、赤出汁、焼き鳥、ブリの照り焼き。パラパラ、パラパラ。まるで魔法の粉。

「原了郭」、近頃人気は「黒七味」。「マイ黒七味」とばかり竹筒をこれ見よがしに取り出しては自慢げにパラリ。

それではあまりに品がない。ハンカチに挟んだ小袋をそっとパラリ。これなら目立たず、さらには香りを封じ込め、絶えず新鮮。バッグの中には小袋入りの粉山椒と黒七味。一回分十五円足らずの贅沢。これで貴方も京都人。

買

東山区祇園町北側267　☎075-561-2732

「祇園祭」のちまき

コンチキチン、コンチキチン。京都の夏は祇園祭のお囃子とともに移ろいゆく。

祇園祭、一般的には七月十七日の山鉾巡行、前日の宵山だけが祭りと思われがちだが、実際の祇園祭は、まだ梅雨真っ最中の七月一日、吉符入りから始まって、夏真っ盛りの三十一日、疫神社の夏越祭まで一カ月間続く。まさしく京の夏祭りである。とはいってもハイライトはやっぱり宵山と山鉾巡行。

宵山の夜はたいていにわか雨が通り過ぎ、軒を求めて浴衣姿が逃げまどう。山鉾巡行の当日は三十二基の山鉾から撒かれる粽求めて、また浴衣姿が左右に揺れる。それもしかし、今は昔。事故防止のために粽投げは禁止され、八坂神社、山鉾町内の会所で求める。値段も山鉾それぞれによって異なり、粽を買うと山鉾に上がらせてくれるところもあるが、すべてではない。また女人禁制のところもあるのでご注意を。

古く、素戔嗚尊が一夜の宿を求めた蘇民将来の家で、貧しい中で精一杯のもてなしを受けたことに感動し、蘇民将来の子孫を疫病から守る徴として、茅の輪を腰に着けたのが起こりとされ、やがて茅巻きから粽へと転じた。

持ち帰って、玄関の軒下に吊すと疫病神が退散すると伝わっている。

一年が過ぎ、また新たな夏がやって来ると、一年の無事を感謝し、粽を納めに八坂神社へ参る。夏から夏へ、一年の橋渡しを担うのが粽である。

山鉾連合会　075-223-6040

「祇園祭」
今まで、何度か ラフと京都に行っているけれど、お祭の頃には一度も訪れていない。その頃は、京都もとっても混んでいるし、祇園祭の頃なんて暑いだろうし。でも、一度お祭の頃の京都に行ってみたいな〜。葵祭にも一度行ってみたいな〜。人がすごいかな〜。でも行ってみたいな〜。
ちまきは、小学校で給食で出ました。

「亀屋粟義」の みたらし団子 500円

夏本番。土用の丑の日といえば、鰻。江戸の名コピーライター、平賀源内発案といわれる土用鰻が真っ先に思い浮かぶが、京都人にはこの日に行われる御手洗祭、別名足つけ神事の方が馴染みが深い。

賀茂川と高野川が合流し、鴨川となる、ちょうど合わせ目にあるのが下鴨神社。その境内末社である御手洗社の池で行われる例祭である。この日、池に足をつけ、灯明を供えて御神水を頂くと万病除けになると伝わっている。

この池はまた、京都三大祭のひとつ、葵祭でも重要な役割を担っていて、祭りのヒロイン斎王代がこの池で手を清め、人形を流して罪穢れを払う御禊神事が行われるのだ。遠く鎌倉時代末期、後醍醐天皇がこの池で水を掬うと、池の水面に、泡が一粒浮かび、しばらくおいてからまた次々と泡が浮かんだ。ひと串に五つの団子玉が連なっているが、最初のひと玉だけが少し離れているのはこの伝承に由来している。

初めのひと玉を人間の頭に見立て、残る四つを合わせて五体を表す。無病息災の願いを込めて食べる。

こんがり焼けた団子に、かなり甘みの強いタレがたっぷりとまとわり、うっかりすると頬をタレが伝う。ひと串では済まない。ひとりで家族全員の無病息災を願う。

後を引く甘さ。

買 左京区下鴨松ノ木町53 ☎075-781-1460

「みたらし団子」最高にウマイのです。みたらし団子は。子供の頃から、大好きなものの1つです。一番上みたらし団子は、5つの玉であること。この5つは人体を表していること。離れている一番上は頭であること。は高離れてついていること。これらのことは、割と最近知りました。みたらし団子は、ウマイ団子というだけではなく、無病息災を願うありがたいお団子なのです!!たくさん食べなきゃ!!

「○竹」の 中華そば

600円

巷にラーメンが溢れかえっている。テレビは、毎日のようにラーメン屋を紹介しているし、雑誌も毎月どれかがラーメン特集を組んでいる。インターネットを見れば、ラーメンオタクとでも呼びたくなるようなサイトがいくつも競い合い、コンビニには名店ラーメンを再現したカップ麺がずらりと並んでいる。世を挙げてラーメン時代に突入したようだ。京都の街もご多分に漏れず、街中にラーメンの字が躍っている。

京都のラーメン。こってり系の代表「天下一品」の全国制覇で、京都＝薄味、という誤解がかなり薄れてきたかに見える。ラーメンに限らず、京都の味つけは、外から見て感じられるほどには薄くない。このあたりは拙著『京料理の迷宮』をお読みくだされればいっそうご理解いただけるだろうとして、総じて京都のラーメンはこってり味が多い。

「天下一品」に代表される脂ギッシュ系。京都駅近くの「第一旭本店」「新福菜館」に見られる濃厚醤油系。そして最近人気急上昇中「東龍」のような野菜ポタージュ系。どれもが、あっさり薄味とはとても言い難い濃厚なスープで人気を呼んでいる。

京都のラーメン通で知られるハリー氏（本書の撮影担当）が興奮した口調で「ちょっとこれまでにないタイプ」と教えてくれたのがこの「○竹」の中華そば。

魚の出汁を強く効かせ、ほんのりと甘いあっさりスープは、クセになる味。これなら京都のイメージにもぴったり合う。これまたヒットの予感。

中京区竹屋町通堺町西入ル和久屋町101　☎075-213-1567

「中華そば」ああ、ウマそう!! 最近、ラーメンと食べたくってしょうがないワタクシ。京都ってこの写真はたまりません。京都ってとって、この写真はたまりません。京都ってラーメンの街なんだよね。意外です。ガイドブックを見ると、ラーメンページがあるもんね。でも次回はこの「○竹」でこの中華そばを食べてみたい!! この卵! めちゃウマそ〜!!

44

「とようけ茶屋」の とようけ丼

650円

京都の豆腐がなぜ美味しいか。その秘密は「京都の水」にある。豆もさることながら、豆腐の美味しさの決め手となるのは水である。京都盆地の地下に満々と湛えられた水甕。周りを囲む山々から流れ出る水。これらが織り成す水脈から湧き出でる水を使った豆腐、もとより不味いわけがない。

しかし、戦後、京豆腐の名を一気に高めたのは、嵯峨釈迦堂門前の「森嘉」である。絹漉し豆腐の滑らかさと、木綿豆腐の腰の強さを併せ持つ、稀有な豆腐としてその名を日本中に知らしめ、その地名から嵯峨豆腐と呼ばれ、京都ブランドの代表「京豆腐」の魁となった。

京都を訪れたなら必ず京豆腐を、と願う旅人は多いが、いかんせん豆腐の命は短く脆い。土産に持ち帰るのは容易ではない。ならば食べるしかない。とはいっても冬なら京の風物詩ともいえる湯豆腐があるが、春夏の美味しい豆腐を食べさせる店は少ない。美味しい豆腐を食べられる店、割烹や料亭にまで足を運べばいいのだろうが、豆腐だけを、とはいかず、何より出費がかさむ。手軽に豆腐だけを味わえる店、豆腐屋自らが開けばいい、そう思い立ったのが北野天神近くの「とようけ屋山本」。「とようけ茶屋」と名付け、店を開いたのが平成四年。以来、修学旅行生も並ぶ、行列の途切れない店として繁盛している。うどんや丼、手軽なメニューが多いのも人気の理由。油揚げ、豆腐、椎茸、葱を甘辛く煮つけ、ご飯にのせたとようけ丼。ふうわりと、豆腐の旨さをストレートに味わえる。

上京区今出川通御前西入ル紙屋川町 822　075-462-3662

「イノダコーヒ」のロールパンセット

700円

京都の朝は「イノダコーヒ」で始まる。そんな旦那衆の姿をかつての京都では多く見かけた。その数は減ったものの、今でも堺町三条の本店なんかだと、我が家同然に新聞を広げ、独特の分厚いコーヒーカップをゆっくりと傾けている老紳士も少なくない。

今でこそ、パリやニューヨークの街角を模したオープンカフェが東京をはじめとした都会のあちこちに見られるが、この「イノダコーヒ」には僕が生まれる前から店の奥にテラス席があった。そんな店の空気をハイカラ好きの京都人が見逃すはずがない。毎朝決まった時間に店を訪れ、朝食をとるのが日課、というスノッブな雰囲気を楽しむ向きも多かった。今では「お砂糖とミルクはどうされますか」と尋ねられるコーヒーも、かつては当然のようにして最初から入っていた。と同じく、当時は「パンランチ」と呼んでいたメニューも今では「ロールパンセット」と名前を変えた。前者はブラックで飲む客が増えたため、後者はランチという名称が朝から食べるメニューとして紛らわしいからだろう。一見、時代とともに変わったようで、しかし、中身はまったくといっていいほど変わっていない。ブレンドは濃いめに淹れた「アラビアの真珠」。小さな海老フライを挟んだロールパンにポテトサラダ。

「イノダコーヒ」にしては珍しく観光地真っ只中にある「清水支店」でもまったく同じメニューがあり、本店のように七時とはいかないが、九時には開けているので朝食に間に合う。朝の東山散策を兼ねて。

食

清水支店　東山区清水 3-334（青龍苑内）　☎075-532-5700

「イノダコーヒ」って、「イノダコーヒ」じゃないんだよ！！ 知ってた？ 私は知らんかった…。「イノダコーヒー」だと思ってた…。ココは、前々から行ってみたい場所です。優雅にココでモーニングをしてみたい♡まったりしてみたい場所です。

「細見美術館」の入館料

京都の街歩き、その楽しみのひとつに、美術館巡りがある。だが、国立、市立、大きな美術館は人波越しの鑑賞覚悟で出かけねばならない。その点、ふらりと立ち寄る小さな美術館は、のんびりゆったり、散歩気分でじっくり見られる。京都は街のあちこちに、こうした美術館が点在している。

「楽美術館」「北村美術館」など、茶道関係の美術館巡りもいい。多くは上京、洛中界隈にあるので、茶道具屋、千家家元のある小川通から廻るのがいいだろうが、夏場は暑さがちょっとこたえる。

小さな美術館ながら一館の中だけで楽しみの多い「細見美術館」を夏には特におすすめしたい。

昭和の実業家、細見良に始まる細見家三代にわたるコレクションを中心に、琳派から現代アートまで、幅広い展観、個性的な企画展が楽しい。

さらにこの美術館には展観以外に三つの楽しみがある。

ひとつは階上にあるお茶室「古香庵」。目の前に迫る東山を眺めつつ頂く一服のお茶で心が安らぐ。数寄屋の名匠、中村外二の遺作といわれる茶室の造りも見事。

ふたつめは地下二階の「カフェキューブ」。スプマンテ片手にパスタが楽しめる。漆のパネル、和紙のスクリーンが映えるスタイリッシュな空間は夜にはバールに変身する。

みっつめは同じく地下二階のショップ「アートキューブショップ」。オリジナルのミュージアムグッズが豊富に揃う。オリジナルの一筆箋やお香、さらには「亀屋伊織」製の水飴「附子(ぶす)」など、ここでしか買えないレアグッズは土産に最適。

左京区岡崎最勝寺町 6-3　☎075-752-5555

「アッサム」のアイスティー

数ある京都の散歩道の中でも、季節を問わず美しい表情を見せてくれるのが洛東「哲学の道」。かの石川五右衛門が「絶景かな」と歌った南禅寺の山門辺りからスタートして東山の麓を山裾に沿って歩く道は永観堂、法然院、銀閣寺、と名刹が点在していて見どころも多い。南禅寺にあるレンガ造りの「水路閣」。テレビの二時間ドラマ京都シリーズに欠かせないモニュメントを見た後、永観堂から若王子神社を経て、やがて小さな流れに出会う。ここからが哲学の道。

琵琶湖から京都へ。水を引き込む明治の大事業、琵琶湖疏水の流れに沿って南から北へ歩く。と、ここである不思議に気づく。京都の街は北から南へ傾斜していて、鴨川も北から南へ流れている。北へ行くことは上がる、南へ行くことを下がるというのは、この土地の高度差からきている。が、この流れは逆行している。それこそが琵琶湖から水を押し流している徴(しるし)である。

すべての水は京都に集まる。まさにそれを実感できる。

東山からの湧き水も加わるこの地に良質の水を求めて店を開いたのがこの「アッサム」。良質の軟水を求めて水行脚を続け、京都で一番美味しい紅茶が飲める店だ。

和、洋、彩(とりどり)りの花が溢れる店、鉄瓶で沸かした湯を使って主人が丁寧に淹れる紅茶は色も香りも麗しい。最近力を入れている中国茶もまた芳しく、主人自ら作るクレームブリュレと一緒に味わえば至福の憩(いこい)。身体の芯まで京都の水が染み透る。

左京区浄土寺上南田町65　志津屋ハイツ1階南側　☎075-751-5539

「BAR K6」のカクテル

800円

知らない街で初めてバーの扉を開けるのには、かなりの勇気が要る。ましてやそれが京都ならなおさらのことだろう。何度も通い詰めている相当な京都通にでも、夜も更けてから、「どこかにいいバーはないか」と電話で尋ねられることが少なくない。

ひとり、もしくはふたり。

妙齢の女性が婉然と微笑む店でもなければ、カラオケの鳴り響く店でもない。美味しい京料理を満喫した後、少しばかり飲み足りない気分で、ふらりと立ち寄り、止まり木に寄り掛かって、静かにグラスを傾ける。モルトウイスキー、ワイン、カクテル、その夜の気分で飲み分ける。上質の酒を常備し、できれば適価で供してくれて、静かにジャズでも流れていればありがたい。

一見したところ寡黙にも見えるバーテンダー、話しかけると案外気さくに会話を交わせる。決して常連客に阿る姿勢は見せず、尋ねれば丁寧に教えてくれる。豊富な知識をもちながらも、やたらとひけらかすこともなく、節度ある接客。軽く一杯、のつもりがグラスを重ね、日付が変わってもまだ客足が途絶えることなく、適度な賑わいが心地いい。人恋しさに立ち去りがたく、じっくりと腰を落ち着けて飲めれば言うことなし。

そんなバーを教えて、と頼まれれば迷わずこの「BAR K6」をすすめる。まさしくそのとおりのバーだからである。

ウオツカをベースに、抹茶を加えて京都をイメージしたカクテルはその名も「嵯峨野」。グラスの中の京都も美しい。

中京区木屋町二条東入ル　ヴァルズビル2階　☎075-255-5009

「ベージュ・カフェ」の グラスワイン

京都は今、時ならぬ町家ブームである。町家カフェ、町家イタリアン、町家バー、町家エスニック、何でもござれ、町家と名が付けば客が来る。アメーバのように日々町家が増殖している。

京町家とは、京都固有の市街地事情に応じて建てられた住宅や商店をいい、狭い街並みから家を守るためのさまざまな仕掛け、奥深い家に光や風を取り入れるための工夫が施されたものである。

例えば、御簾。京の町家を表す絵には欠かせないものだが、これは単に日除け、視線除けだけのためでなく、いざ火事となった時にはこの簾に水をかけて類焼を防いだ。あるいは町家の坪庭によく見かける棕櫚竹。この木は葉が薄く軽いのでわずかの風でもそよそよと揺れる。常緑の葉が揺れるのを見てしばし京の蒸し暑さを忘れる、そんな理由からである。

そんな由来とはまったく無縁であるかのように、単に流行を追いかけて、空き家になった古い建物を商店に仕立てた町家もどきが増えていて、本物の町家と混同されているのが何ともどかしい。

祇園下河原、京都が最も京都らしい顔を見せる界隈にある「ベージュ・カフェ」はまさしく本物の町家である。理由あって僕はこの建物が改装される前の本来の姿をじっくりと見たことがある。真、素晴らしい建築であって、それを上手に残して再生されているのが何とも嬉しい。一杯のワインで癒されるのは古の風のせいでもある。

東山区祇園町南側 506-2　☎075-532-2255

「松屋常盤」の　味噌松風

800円

戦時中、京都府が「和生菓子特殊銘柄品」として十八の品を指定した。砂糖が不足して作れない菓子が多くある中で、何がなんでもこの十八種の菓子だけは残して京都の和菓子の伝統を守ろうとしたのである。もちろん、この味噌松風もその中のひとつである。

大徳寺の和尚が考案したと伝えられる味噌松風を商う「松屋常盤」は、承応年間の創業以来、御所御用の菓子屋として、また、茶道千家御用の菓子屋として、その名を広く知らしめてきた。茶事に用いられる「きんとん」もまたこの店の名物。春から夏、彩りひとつで自在に季節を表現する見事な菓子だが、ふわりとした軟らかさは尋常ではない。雑誌の取材でこの菓子を求め、いざ撮影しようとして、箸で持ち上げようとして、はらりと崩れ去り呆然としたことがある。カメラマン泣かせの「きんとん」は、しかし、かなり大ぶりで、食べると、その口当たりのよさ、爽やかな甘さで陶然となる。

味噌松風、何軒かの菓子屋で作っているが、この「松屋常盤」のそれは、いわば茶人向け、あるいは貴人向け、とでもいえるだろうか。控えめな甘さに、ほんのりと白味噌の香りが残り、黒胡麻の風味が品格を加える。むっちりとした、やや硬めの食感が特徴である。明治から平成まで歴代天皇が好んで食べられたのも、この味わいゆえのこと。

「浦寂びし、鳴るは松風のみ」と謡われた謡曲「松風」の一節に由来する菓名。その名のとおり、裏は焼き目がちょっと寂しいのである。

買

中京区堺町通丸太町下ル橘町　075-231-2884

「鳥岩楼」の親子丼

800円

親子丼が京都名物のひとつに数えられるようになったのは、はて、いつ頃からだったろうか。そんなに古いことではないような気がするが、近年では、京都特集を雑誌が組むと、必ずといっていいほど、親子丼のコーナーがあって、そのほとんどすべてに登場するのが祇園下河原の「ひさご」（後述）と西陣「鳥岩楼」。

「鳥岩楼」はしかし、親子丼の専門店ではなく、鳥料理の老舗である。

西陣、その地名どおり、西陣織をはじめとする呉服関係の大店が多く、旨いものに眼がない旦那衆相手の料理屋が点在している。日本一のすっぽん料理で有名な「大市」がその代表。京都五花街の中でも最古の歴史を誇る上七軒にも近く、舞妓、芸妓引き連れての「ご飯食べ」にふさわしい佇まいの店、それがこの「鳥岩楼」。名物は博多風鶏の水炊きである。西陣ならではの町家。よく手入れの行き届いた庭を見ながら座敷で差し向かい。注ぎつ注がれつ、砲金鍋の鶏をつつく。そんな店、お昼だけのメニューが親子丼。

さすがに鶏料理専門店。卵の隙間から顔を出す鶏肉がいかにも誇らしげだ。そば屋の丼とはいくぶん景色が異なる。しっかりと甘辛味の染みた大和地鶏に、ふわりと軽い半熟卵が絡んで硬めに炊かれたご飯にぴったり。たっぷりふられた粉山椒の香りが、さすがが京都。半日近くも鶏を煮込んで作るという水炊きの片鱗が窺えるスープも添えられ、滋養満点のお昼ご飯。この八百円はかなりのお値打ち。

上京区五辻通智恵光院西入ル　075-441-4004

「ひさご」の　にしんそば

850円

祇園下河原、「ひさご」前の行列は近頃見慣れた光景になってきたが、それでもやはり、京都人にとっては不思議な現象である。

まず、食べるために並ぶ、というのがわからない。数に限りがある、とか、普段にはない特別な品、なら理解できなくもないが、行列のお目当てである「ひさご」の親子丼は何時でも食べられるし、売り切れることもまずない。どころか、近所に出前すらしているのだ。

もちろんこの親子丼、間違いなく美味しいのだが、このレベルの店は京都の街、他にもけっこうある。行列の主因は何といっても、親子丼といえば「ひさご」、という図式を作ってしまったマスメディアの横並び体質、言い換えれば他誌の受け売り取材の安易さにある。事は親子丼に限らず、雑誌やテレビの京都特集は、夏の向日葵のように、いつも同じ方向を向いているのである。

ほとんどが親子丼の客なので回転が速く、行列の割には意外と早くありつけるそうだが、やはり並ぶのは苦手。おかげで、僕の大好物であり、「ひさご」のもうひとつの名物「茶そば」になかなか辿り着けない。

抹茶を練り込んだという鮮やかな緑色の麺は、蕎麦とはまた別の味わい。むっちりとした歯ごたえは軟らか好きの京都人向き。鰹と昆布の出汁がしっかり効いた甘めのつゆに絡むと、えも言われぬ味わい。ほっくりと甘辛く煮上げられたニシンの棒煮との相性はすこぶるいい。行列さえなければ、と人波横目に幾度通り過ぎたか。時分どきを外してどうぞ。

東山区下河原通八坂鳥居前下ル下河原町484　075-561-2109

「カフェリドル」のアイスコーヒー

900円

京都は歩く街である。東京のように地下鉄網が発達していないせいでもあるが、賑やかな界隈は市内の中心部に固まっていて、目指す店に行くには、たいてい歩いて行くのが一番早い。寺町通。「一保堂」でお茶を買って、「鳩居堂」で便箋を買う。「JEUJIYA」でCDを、河原町に出て「丸善」で本を買って、とこれで結構な距離を歩いている。

さて、一休み、となるのだが、この頃合の店が意外に少ない。「再會」「クローバー」、かつてこの界隈には「喫茶店」という名の格好の静かなレストスペースがあったのだが、今は「カフェ」という名の騒がしいチェーン店ばかりになってしまった。携帯片手に紫煙を撒き散らす女子学生たちが大声で笑い合うオバサン軍団、でなければ、数を頼りに騒ぎ立てる店、休むどころか、かえって草臥れてしまう。

河原町三条、京都でも有数の賑わいを見せる交差点から歩いてほんの二、三分。木屋町通、高瀬川の流れを見下ろす「カフェリドル」は貴重な大人のカフェである。オーダーが入るたびに豆を挽くせいか、いつもコーヒーの香りが漂っている。奥のテーブル席には大ぶりの花器にたっぷりの枝花が活けられ、カウンターの上には一輪の草花が伸びやかにダウンライトの光を指す。レイ・ブラウンのベースが静かに低く流れる店。「琥珀の女王」と名付けられたアイスコーヒーからはジョセフィン・ベーカーの歌声が聞こえてくる。まるでバーのようなカフェ。

中京区木屋町通三条上ル二筋目　CEO木屋町ビル2階　☎075-223-3820

66

67

「俵屋旅館」のソープケース

1000円

日本一の宿屋。「俵屋旅館」をそう言い表す旅館通、京都通は多い。果たしてそれは真実なのか、疑い深い僕は、まず夕食だけを食べに行き、感心して帰り、ついには実際に泊まってみて、改めて確信した。間違いなく日本一の宿屋であろうと。

かといって、その理由を詳細に述べるのは極めて難しい。曰く言い難い良さが宿のそこかしこにちりばめられた結果をもってして日本一と断じたのだから。

ただひとつ、はっきりと言えるのは、これほどに心安らかに過ごした夜が他にあっただろうか、と朝目覚めた時に感じたことである。それは緑濃き庭の眺めによるものだったか、天上の寝心地とはこういうものだろうか、と思った寝具のせいか、はついぞわからなかった。いってみれば部屋全体に漂う空気を我が家に持ち帰ったなら、日々どれほどの安息が得られるだろう、と思ってはみたものの、叶わぬ夢。

せめて香りだけでも、と、手洗いに行くたび、指先から微かに匂う残り香を楽しんだ石鹸を求めて帰り、玄関先、枕元、「俵屋」を置こうとして、はたと悩んだのが石鹸置き。古伊万里の小皿は座りが悪く、ガラスの皿には映りが悪い。そこへこのソープケースである。実際に使うためのものだから、ちゃんと簀の子の中皿もあって、その上に石鹸を置き、裏向けた蓋を台にすると実に座りがいい。枕元に置いて、ピアスや指輪を入れておくにもちょうどよさそうだ。となると京土産、贈る相手は必然的に決まる。

買

ギャラリー遊形　中京区御幸町通三条下ル　点邑ビル1階

「俵屋旅館」ここのこの石鹸!!めちゃめちゃ好きなの！本当に、いい香りだして、心が落ちつくし、泡立ちもとっても良いし。一度使ったらやめられない…。でも、しばらく使ってないな～。本当にいい香りなんだよ。今度京都行ったらまた買いに行きたいから、そしたら、おすそわけをしましょう。

MILK

「黒豆茶庵 北尾」の 黒豆御膳

1000円

満を持して、といった感じだろうか。ついに黒豆も専門料理店が出現した。嚆矢は「生麩」だったように記憶する。鴨川に架かる五条大橋の東詰め、創業三百年を越える老舗「玉置半兵衛麩」の本店で「むし養い」という風雅な名前で自前の生麩をふんだんに使った昼膳を供し始めた。製造直売ならぬ、製造直食である。食材を仕入れる必要もなく、料理法にも熟知している。ついでに言えば、この料理を食べた客はきっと食材そのものも土産に買って帰るに違いない。一挙両得どころか、三得も四得もある。

なるほど、その手があったのか。爾来、販路拡大を狙っていた豆腐が続き、湯葉、京野菜、と相次いで、京都ならではの食材を売る店が、店を町家風に改装し、食事処を併設、昼膳を出すのがブームとなった。

どの店もが、食材には自信をもっていて、かつ、自前だから原価を低く抑えることができ、結果、コストパフォーマンスもすこぶるいい。人気を呼ばないはずがない。多くが行列を生んだ。

丹波の黒豆、なかでも幻とさえいわれた品種「新丹波黒」を世に出した「北尾」。最後発ながら、すでにこれを目当てに、という京都詣でも出始めた。

ご飯、天麩羅、味噌汁、すべてに黒豆を使う。真価はしかし寄せ豆腐。白の後、黒を食べると黒豆の濃厚な甘みが際立ち、違いは歴然。黒豆ファンが急増中である。

清水店　東山区清水寺門前産寧坂北入ル　📞075-551-0101

71

「はれま」「やよい」「しののめ」の じゃこ山椒

1000円

右代表として三つの「じゃこ山椒」を掲げてみた。

京都名物としてすっかり定着した観のあるこの「じゃこ山椒」。今やこれを売り物にする店は数え切れない。それぞれにファンがいて、これが一番、と言い張るのだが、それこそ百人百様、好みの問題。

要するに、ちりめんじゃこと実山椒を佃煮よろしく炊き上げてご飯の友にしたもの。店それぞれ、商品名も違えば味も異なる。硬いの、柔らかいの、甘いの、辛いの。

始まりは宮川町の「はれま」の「チリメン山椒」だったか。京都人同士、ちょっとしたお使いものに、と行ったり来たり。お使いもの好き、お茶漬け好きの京都人の間でじわじわ人気を集めた。

それを京土産として定着させたのが「やよい」の「おじゃこ」。祇園下河原、京都らしい風情の街角にある店で買えば、最も京都らしい土産になる。京都駅、新幹線のプラットフォーム。清水公照の手になる「やよい」の紙袋をぶら下げた列が並ぶ。

一方で、賀茂川沿いの住宅街にひっそりと暖簾を上げる「しののめ」の「じゃこ山椒」は今も、京都人同士の間を行ったり来たり。僕の家にも近いせいか、一番馴染みが深い。

料理屋、宿屋、京都では今、多くの店がこの「じゃこ山椒」を手がけていて、それぞれに風味がまったく異なるのも面白い。好みを決めて、自分で作ってみるのも一興である。

「じゃこ山椒」
京都駅で言えば「じゃこ山椒」ってカンジです!前にも書いたけど、山椒ってとても好きなのです!しかも、じゃこも大好きなのです!その二つが合わさったものなんて、大好きじゃないはずはないのです!!
ごはんのお供なのです。
でも、私の父は
好きじゃないのです。
お土産に買っていくと......。
嫌がるのです。

やよい　東山区祇園下河原清井町 481　📞075-561-8413

しののめ　北区小山元町 53　📞075-491-9359

はれま　東山区宮川筋 6-357　📞075-561-4623

「市原平兵衞商店」の 京風もりつけ箸

1100円

日本人で最初に箸を見てきたのは遣隋使で、返礼に迎える隋の使節に合わせるために急いで箸を作らせ、箸で食事をする作法を朝廷人に習得させたのが誰あろう聖徳太子だと伝わっているから、日本人と箸の歴史はさほど古いものではない。遣隋使以前は、一本の竹を折り曲げて物を挟んでいたという。二本の箸を自在に操って食事をする習慣が一般に普及したのは天平以後のことであるようだ。

とはいっても千年を遥かに越える歴史があるわけだから、日本人のDNAには、箸使いが刷り込まれているはずだが、どうもその螺旋構造に問題があるようだ。学校給食で無理矢理使わせられた先割れスプーンのせいにしてはいけないのだろうが、きちんと箸を持てない。意識している時はいいが、気が緩むと人差し指が遊んでしまう。豆のように滑りやすいものをつまんで箸使いを練習すればいいとはいうが、何より肝心なのは、きちんと先の揃った箸を使うこと。綺麗な箸使いの第一歩は箸選びから。

創業三百年に近い「市原平兵衞商店」を訪ねれば、手に合った箸を見つけられるだろう。百数十年もの間、囲炉裏の煙で燻された竹、煤竹を使った「みやこばし」が看板商品。大小さまざま、実際に持ってしっくり馴染むものを選べばいい。かつては花板しか使うことを許されなかったという白竹の「京風もりつけ箸」を食事用に転用するのもいい。絹糸一本でもつまめそうに極限まで細い箸先は美しいフォルム。これなら巧く持てそうだ。

74

「ないとう」の ささみトマトクリームコロッケ

1200円

京都には古くからの洋食屋が多く、たいていが花街の近くに店を構えている。日本料理を食べ飽きた熟練の芸妓、上品な日本料理では物足りない若き舞妓、どちらもが所望する洋食を食べに、旦那衆が連れて行ったことから、人呼んで旦那洋食。

先斗町の「開陽亭」、上七軒の「ビフテキのスケロク」、祇園の「たから船」、今は無き「つほさか」の流れを汲む二寧坂の「みしな」。どの店にもドミグラスソースの香りに白粉の匂いが微かに混ざっている。

タンシチュー、ビーフ照り焼き、クリームコロッケ、洋食好きの京都人が独特の味わいを育ててきた。

一方で板前割烹というスタイルの日本料理店も、食通が集まる京都という土地柄なればこそ育ってきた。懐石のような順序も内容も決められた料理ではなく、食べたいものをその場の雰囲気、腹具合で決める一品主義。ヘギや黒板に書かれた品書きを眺めながら、時には板前と相談しつつ、ひと品ずつ選んでいく。

この板前割烹の楽しさと、洋食の味わいを併せ持つ店、それが「プチレストランないとう」である。だから本当はこの店、アラカルトの豊富な夜に訪ねて欲しいところだが、昼にはお値打ちメニューもあって、味は夜と同じなので、まずはこちらで味試しを。カウンター八席だけの小体な店。すぐ目の前で腕を揮う主人の手際のよさも見もののひとつ。お気に召したなら是非夜に再訪を。近頃頻繁に通っているのでお会いできるかも知れない。

中京区河原町通三条上ル一筋目東入ル恵比須町446　☎075-211-3900

「大國屋」の ぶぶうなぎ

1700円

「京のお茶漬け」という伝説めいた有名な話がある。京都の家を訪ね、話し込んでいて時分どき、帰ろうとすると、「お茶漬けでもどうどすか」と引き止められるが、これは、早く帰って欲しいという合図なので、真に受けて「それでは」と待っていると恥を掻く、というもの。

これは実は間違った言い伝えである。

せっかく訪ねて来てくれた客人、楽しい会話が弾んでいたのにお帰りになるのはいかにも淋しい。さりとてご馳走を用意しているわけではない。だが漬物とご飯くらいならある。お茶漬けでも食べて帰ってもらおう、という気持ちの表れた、奥床しくも素直な言葉である。

「帰ります」「はい、さようなら」、そんな余韻のない会話を最も嫌うのが京都人なのだ。客を粗末に扱うなど、真の京都人のすることではない。

仮に次の予定が切迫している時は、「ちょっとこれから訪ねんならんとこがありますんで、ご一緒しましょか」と、やんわりと辞去を促すことだろう。

「ちょっとお茶漬けでも」。そう言われたらありがたく頂いて帰ればいい。そこには、毎日手を入れている「どぼ漬け」が、到来物の「じゃこ山椒」が、ひょっとすると、とっておきの「ぶぶうなぎ」が用意されているかも知れない。

白焼き鰻を秘伝のタレと山椒でじっくりと煮込んであって、熱いお茶の中でほろりと崩れる。気に入ったなら錦市場で土産に買って帰り、訪ねて来た友人に言ってみよう。「お茶漬けでもどうどすか」。

中京区錦小路富小路西入ル東魚屋町　☎075-221-0648

「ぶぶうなぎ」
ぶぶうなぎってことは、お茶漬け用のうなぎってことですか!? うな茶ですか? あんまり実はうなぎって好きじゃないのよ。でも、うな茶は好きなの。そして、これは、なんだかとっても お茶漬けとして美味しそう。今度のお食事はこれにしてみようかな。ちょっと高いけど…。

「桃庭」のランチ　1800円

舞妓、芸妓引き連れての旦那衆の「ご飯食べ」。洋食なら「旦那洋食」と呼んだと同じく中国料理の場合は「旦那中華」と呼んだ。

たいていはお座敷に上がる前だから、においのきついものは厳禁。にんにくはもちろんなし、葱も晒して使うという徹底ぶり。さらには体調管理のためにも油は控えめ。結果、あっさり中華が出来上がる。

今も残る店でいえば、花見小路の「竹香」、上七軒の「糸仙」あたり。あっさり揚げた春巻き、さらりと炒めた焼き飯。紅を引いた小さな口に少しずつ。油もにおいも残らず、いざお座敷へ。とはひと昔前のこと。

今や芸妓衆とて、しっかり食べる。フレンチ、中華、何でもござれ。仕事のあとさき、さすがに髪を結ったままでは人目が気になるいご飯食べ。しっかり食べるのはOFFに限る。髪さえ下ろせば、そこはやはり今時の女性と同じ。中華フルコースにも舌鼓。

石畳、格子、暖簾。まさかこの「桃庭(タオティ)」でフカヒレやアワビ、広東をベースにした本格中華が食べられるとは思うまい。それほどに、京の花街にしっくりと溶け込んだ佇まい。本格とはいえども、夜と違って昼はいたってお手軽。町家の片鱗は窺えることだろう。お気に召したなら是非とも次は夜の「ご飯食べ」を。

新橋店　東山区大和大路新橋上ル元吉町 71-7　📞075-531-6616

「宮脇賣扇庵」の 夏扇子

2000円

京都というところは、夏暖かく、冬涼しい、とは巷間言われ尽くしたジョークだが、そんな冗談でも言ってないと耐えられないほどに京都の夏冬は厳しい。冬は底冷え、という言葉があるが、夏場の暑さは、猛暑というような生易しい言葉では表現し切れないほどに暑い。

盆地特有のじりじりした日照りに加えて、巨大な地下の水甕から蒸散する水分をたっぷり含むので、肌にじっとりと纏わりつくような蒸し暑い日が延々と続くのである。エアコンが普及した今日では、建物の中はいたって快適だが、その分、外を歩くと余計に暑く感じる。室外機から吹き出す熱風が拍車を掛ける。

京都の暑さはしかし、昨日や今日の話ではない。古(いにしえ)から京の都人は夏の暑さを少しでも和らげようと工夫を凝らしてきた。打ち水は言うに及ばず、水草、川床、風鈴などなど。五感すべてに訴えて涼しさを演出してきた。

その代表ともいえるのが扇子である。

もちろん、扇子は単に涼しさを呼び入れるだけのものではなく、能や舞、茶席に祝儀不祝儀と、あらゆる場面でその役割を果たすべく作られたものであるのだが、やはり、夏の扇子は見ているだけでも涼しい。

夏の扇、男持ちと女持ちでは寸法が異なる。いかに大柄な女性といえども、扇子は小ぶりがよく似合う。

蛍、河童、いかにも涼しげな絵柄で煽げば、頬にひんやりと風が心地いい。夏の京には欠かせぬひと品である。

買

中京区六角通富小路西入ル　☎075-221-0181

「夏扇子」
京都の夏って本当に暑いから、見た目で涼しげなものが、木当によく似合う。浴衣に、こんな涼しげな夏扇子を持っていたら、女っぷりが上昇しちゃうな〜。きっと扇子に、良い香りが、ついているだろうし。そんな大人な女に、なりたいのです…。

83

「いづう」の 鯖姿寿司

2100円

日本料理はもちろん、イタリアン、中華、たいていの食べ物は京都で充分美味しいものが食べられる。フレンチもグランメゾンクラスはキツイが、ビストロならけっこう個性的な店が何軒かある。だがこれだけは、どうしても東京に敵わないという食べ物がふたつ。天麩羅と握り鮨、どちらも江戸前の本物が京都ではなかなか育たないのである。

天麩羅に関して言えば、京都の日本料理、料亭での会席ともなるとたいていは天麩羅がコースに組み込まれていて、天麩羅とはそうしたものだ、という認識が多くあるようだ。江戸前のように最初から最後まで天麩羅だけを食べ続けるということに馴染めない向きが多いのである。ゆえに、天麩羅を究めようとする職人がなかなか出てこない。

片や鮨。海から遠いせい、だの、生臭を忌む、だの、いろいろ言われてはいるが、突き詰めるなら、箱寿司や棒寿司など、いわゆる関西寿司が旨すぎるからである。

代表ともいえるのがこの鯖寿司。

若狭から、鯖街道を通って運ばれてきた塩鯖を使った鯖寿司は、今や京名物の代名詞。鯖街道、花折峠に店を構える「花折」が西の横綱なら、老舗「いづう」は東の正横綱か。いずれ劣らぬ人気を誇り、贔屓衆はそれぞれ推して譲らず。

よく脂ののった肉厚の鯖身、やや甘めの酢飯との相性もよく、ぐるりと巻かれた利尻昆布の旨みが移り、遠い海の香りが噛むほどに広がる。ひと切れ三百五十円也は、コハダ三貫分は優にある鯖の厚みから考えれば安いもの。京都の江戸前鮨はますます遠のく。

東山区八坂新地清本町367　075-561-0751

「近又」の 朝ご飯

2500円

旅に出ると、なぜ朝ご飯が美味しいのか、という議論になったことがある。前夜しっかりとご馳走を食べ、かつ、たっぷりと飲んだにもかかわらず、宿の朝ご飯を美味しく食べ、ご飯のお代わりまでしてしまうのはなぜか。同じような食事であっても宴会の翌朝など、家では朝食に箸が伸びず、水しか喉を通らないのに、だ。

結局この時は、宿屋の朝ご飯の取り合わせがいいから、という答えと、今日も一日働かずに遊べるという解放感がお腹を空かせるから、という答えの二論併記で議論を終えた。

二食付き、片泊まり、いずれ旅館に泊まったならば、この正しい日本の朝ご飯が待っている。問題はホテルだ。アメリカン、コンチネンタル、ブッフェスタイル。朝ご飯ではなくブレックファースト。いささか京都気分から外れる。スクランブルエッグより出汁巻き玉子。ソーセージより焼き鮭。京都の朝なら、そうありたいもの。

錦市場に程近い懐石・宿「近又」なら泊まらずとも、正しい日本の朝ご飯が食べられる。焼き魚、出汁巻き玉子、自家製胡麻豆腐、さらにおかずが三品という豪華版。何より炊き立てご飯と熱々味噌汁が嬉しい。ホテルの洋朝食とおおよそ同じ値段。どちらを選ぶかはお好み次第。千円足せば立派な座敷でデザートまで付いてくる。さて、これから何して遊ぼうか。旅先ならではの贅沢な時間がいっそう食欲を増す。「お代わりお願いします」。

中京区御幸町通四条上ル　075-221-1039

「朝ご飯」旅先での朝ご飯って、とっても楽しみにしているものの一つです。しかもこんな、日本人の朝ご飯の主道なメニューならなおさらなのです。悩みます。こんなに¥2500…。朝ご飯をお腹いっぱい食べて、また部屋で、のんびりくつろぐことが出来たら、最高にぜいたく…。

MILK

87

「一澤帆布」のトートバッグ

3300円

東山知恩院に程近い、「一澤帆布」の店先にずらりと並ぶバッグ類を見て、真っ先に思い浮かんだ言葉、それは「用の美」。

大正末期、柳宗悦が提唱した民藝運動。そのキーワードともいえるのがこの「用の美」という言葉。

日常生活に用いられる実用品の中にこそ、「美」がある。

「一澤帆布」の鞄はまさにそのとおりの美しさを見せている。

高校時代の一時期、牛乳配達のアルバイトをしていて、自転車の前カゴ部分にカーキ色の布製バッグを取り付け、牛乳瓶をぎっしり詰めて運んでいた。暗いうちから配達を始め、夜が明けて懐中電灯が要らなくなってくると、牛乳も減って、バッグの内側に縫い付けたラベルの文字がうんと軽くなる兆しだったので、この五文字が僕に、「ご苦労さん」と労(ねぎら)ってくれているように思えた。

どんなにぎっしりと牛乳瓶を詰め込もうが、びくともしない堅牢なバッグだったので、実用一点張りの製品だと思い込んでいて、まさかこんなファッショナブルなバッグになって人気を呼ぶとは当時想像もしなかった。

アイテムも豊富で何よりカラフル。今や京都ブランドの代表となったが、モノ作りの精神は少しも変わっていない。堅牢が第一で、傷めば修理をしてくれる。まさしく「用の美」が、若い人たちの支持を集めているのは何とも嬉しい限りだ。

買

東山区東大路古門前（知恩院前）上ル西側　☎075-541-0138

「ぎをん まんざら」の 町家の和食

4000円

ぎをん。祇園。この言葉の響きは、やはり、先斗町と並んで京都を代表するものだろう。小さな店がぎっしりと軒を連ねる先斗町は比較的気軽に入れるところが多いが、祇園となるとなかなかそうはいかない。とりわけ四条通から南、「一力茶屋」から下がった花見小路界隈、地名で言うなら祇園町南側、は京都で最も敷居の高い地域である。一見さんお断り、もこの界隈を中心にして語られる神話。ある意味サンクチュアリと言ってもいいだろう。

京都人といえども、足を踏み入れることを躊躇われたこの祇園町南側、ありがたいことに近年、うんと敷居を下げた店が増えてきた。

町家の佇まいはそのままに、和食をベースにした創作料理。居酒屋以上、割烹未満の店。これまで和食にあまり縁のなかった若年層をメインターゲットにした店はしかし、玉石混交。店選びはかなり難しい。

創作和食の名の下に、あれこれ素材を掛け合わせ、国籍のないメニューを作り出し、町家もどきのインテリア。味は居酒屋、値段は割烹。そんな店も少なくない。

夏なら鱧、冬なら河豚、旬の素材をきちんと使いこなし、なおかつステーキやチャーハンもメニューに加える柔軟性。「水菜とお揚げ」「汲み上げ湯葉」、京都のツボもちゃんと押さえて、値段は居酒屋クラス。ここ「ぎをん まんざら」なら祇園体験にはちょうど頃合い。町家の風情もきちんと残し、味わいは豊かに、値段は控えめに。覚えておくときっと重宝する店である。

東山区祇園町南側 570-128　075-532-3619

「ぎをん まんざら」なんなんですかーっ！。この、美味しそうなお惣菜（惣菜と呼んでも良いのだろうか…）の数々は！！こういうものをちょこっとずつつまみながら、お酒を飲みたいな～。「味わいは豊かに、値段は控えめに」ですって。このお店、ちょっと今度 行ってみませんか？

「なかひがし」の 昼ご飯

4000円

肉でも、魚でもなく、「草」すなわち野菜を食べるための店として「草喰 なかひがし」が銀閣寺参道沿いに暖簾を上げたのが平成九年春のこと。今や京都を、いや日本を代表する料理店といっても過言ではないだろう。

主人自らが毎朝野山を駆け巡り、収穫する野草やきのこ、それらを店の真ん中に据えられたお竈さんで、煮たり焼いたり。目の前で調理される様を見ながら食事できると、お客さんは大喜び。かつて味わったことのない新鮮な驚き、頻繁に取り上げるマスメディア、「なかひがし」体験で感動を得た人たちの口コミ。さまざまがこだまして、連日満席続き。予約の取り難い店としても知られるようになった。

目下、主人の悩みは、いかにして席を空けておくか、だと聞く。不況真っ只中、皆たいていは、どうやって席を埋めようか、と悩んでいる時世である。時として不遜な態度と思われがちだが、そこが人柄の良さ、人徳というもの。予約の電話を断るたびに胸が痛む、と顔をしかめる。この「痛み」はどこかの首相の決め台詞と違って、心の底からの痛みである。それが客に通じるからこそ、客は皆、諦めることなく、予約の電話をかけ続けるのだ。

幸運にして席が取れたなら、全身でこの料理を受けとめよう。席に着き、最初に手渡される「八寸」。ここから「なかひがし」が幕を開ける。京都の自然と主人が織り成す二重奏。五感すべて、隅々にまで心地よいメロディーが染み透ることだろう。

左京区浄土寺石橋町 32-3　075-752-3500

「桜田」の　昼膳

5000円

「近江に招福楼あり」、日本料理好きの間ではつとに知られた存在である「招福楼」の味を、僕が初めて知ったのは神戸ポートピアホテルの出店でのこと。小さな子供を連れての夏休み、遊園地に隣接する、当時は最先端のホテルに泊まって偶然見つけた、開店して間もない店だった。

京都に住まい、それなりに日本料理というものを理解していたつもりだったが、この「招福楼」での食事はそれまでの概念を覆すに充分な感動を与えてくれた。器遣い、気遣い、味遣い、すべてに新鮮な驚きだった。幾度も通ううち、いつしか僕の中では「招福楼」の料理が他の店を評価する際の尺度になっていた。二十年近くも前の話である。

それから六、七年経った頃だったか、その店の料理長が独立して京都に店を開いたからと友人に誘われて昼膳を食べた。それが「桜田」、まさしく僕の「招福楼」だった。細い路地の奥にある店、すべてに満ち足りた帰り際、見えなくなるまで頭を下げて客を見送る姿が胸を打った。

こうなればやはり、本店を、となるのは当然の成り行き。晩秋の一日、湖東三山の紅葉狩りを兼ねて八日市の「招福楼」を訪ねた。が、残念ながらそこにあったのは僕の「招福楼」ではなく、凡庸な茶懐石の店だった。

もちろん、凡庸なのは僕の方で、その真価を見抜けなかったのかも知れないが、その五分の一の対価で食べられる「桜田」を僕は圧倒的に支持する。

端正で、かつ主人の実直な人柄を窺わせる素直な料理は、心を平らかに、丸くしてくれる。

下京区烏丸仏光寺東入ル一筋下ル匂天神町 634-3　075-371-2552

「阪川」の 鱧しゃぶ

5000円

京都の夏を彩る祇園祭は別名「鱧祭り」とも呼ばれる。それほどに京都の夏は鱧一色となる。最も身近なのは焼き鱧だろうか。分厚い切り身を串に刺して照り焼きにする。これはご飯のおかずとして普通の家庭、夏の食卓によく登場する。ちょっと贅沢するなら鱧の落とし。ひと口大に切った鱧の身をさっと湯通しして氷水で締める。梅肉を添えて食べるのは一家の主、お父さんだけの酒のアテ。家を離れて料亭、割烹。初夏から初秋の主役はやっぱり鱧。同じ鱧でもこちらはかなりの贅沢。まず前菜に出てくるのがたいてい、鱧皮の酢の物と鱧寿司。ひと夏に一度は食べたいのが、この鱧寿司。

祇園祭はもちろん、氏神の祭礼にもお届けものとして欠かせないのがこの鱧の棒寿司。おかずにする焼き鱧とは比べものにならないほどに細かく骨切りされ、肌理(きめ)細やかな舌触りは、さすが熟練の腕。シャリッ、シャリッとリズミカルに骨切りする音は京都の夏の風物詩。一本一万円を下ることはまずない。

最近はエアコンが発達したせいで、京都の夏も店の中だけは涼しく過ごせる。そのせいか、夏の鍋、鱧しゃぶという贅沢極まる献立が近頃人気を呼んでいる。

「阪川」の鱧しゃぶ。見事に磨き上げられた真鍮(しんちゅう)の鍋に鱧でとった出汁を張り、鱧をさっと泳がせる。牡丹のように花開いた鱧は、口に入れるとはらりと蕩(とろ)ける。祭り鱧が運ぶ至福のひととき。

東山区祇園町南側 507-199　075-532-2801

「花吉兆」のミニ会席

さほど料理の世界には関心のない人でも「吉兆」の名は知っている。詳しくは知らないまでも、日本料理の最高峰、敷居も値段も高く一般庶民には縁遠い店だと理解している。遠巻きにして覗き見るのが「吉兆」なのだ。

とはいっても、「吉兆」の歴史はさほど長いものではない。昭和五年創業、というから、せいぜいが七十年を少し越えたばかりである。京都では百年を越えないと老舗とは呼ばれない。「瓢亭」「平八茶屋」「美濃吉」「吉兆」の何倍もの長い歴史をもつ料理屋は京都に数え切れないほどある。にもかかわらず、何故、日本料理といえば誰もがこの店の名を思い浮かべるようになったのか。それはひとえに「吉兆」創始者・湯木貞一の日本料理に対する進取の気性と、独創的な姿勢の賜物であった。

「世界の名物日本料理」「吉兆」のマッチに記された言葉そのままが、湯木貞一の目指すもの、理想の料理の姿であった。一島国の料理を世界中の食通たちに知らしめようと、食材を吟味し、器を厳選し、洗練を重ねてきた。もしも湯木貞一という存在がなかったら、今日のような、世界に誇れる日本料理の隆盛はなかったかも知れない。

そんな「吉兆」の味、手軽に味わえるのが南座のすぐそばにある「花吉兆」。ミニとはいえども、六千円で夜の食事ができるのは何とも嬉しい。

季節を象った八寸にも、湯木貞一の遺した言葉、——工夫して心くだくる思いには、花鳥風月みな料理なり——が息衝いている。

東山区大和大路四条下ル　075-531-1500

「開化堂」の茶筒

6000円

昭和がブームである。遠い明治でもなければ、ロマン溢れる大正でもなく、混乱に満ち、猥雑な空気が溢れていた昭和を懐かしむ声が多くなってきた。それは、平成という名の、無機質で、狭い金枠に嵌め込まれた、息苦しいまでの今という時代を疎ましく感じているからではないだろうか。

昭和を代表する言葉に「茶の間」というのがある。団欒の間。文字どおりお茶を楽しむ場所。けっしてスタイリッシュとは言えないが、そこには人間の温もりが絶えず溢れていた。

お茶の時間。まずはお湯を沸かす。しゅんしゅんと沸いてきたら、ブリキの茶筒をすぽんと開け、さらさらと急須にお茶っぱを入れ、やかんの湯をしゅわーっと注ぐ。待つことしばし。葉っぱが開いたら、家族それぞれに決まった湯呑にお茶を入れる。一杯のお茶を飲むまでにいろんな音がした。他愛もない噂話のこともあれば、深刻な家族の悩みもある。このわずかの時間に交わす会話が家族を結びつけていたのであって、その様子をじっと見守ってきたのが茶筒である。

魔法の茶筒である。蓋を持って真上に持ち上げると、まるで薄紙を剥すかのように軽く開き、戻すときは、蓋を継ぎ目に合わせて軽く筒にのせて手を離すと、自動ドアのようにすーっ閉まる。当然ながら気密性が極めて高く、お茶が湿ることはない。京都の茶筒は魔法の茶筒。無駄のない美しいフォルムに皆の笑顔が映り込み、リビングが茶の間に変わる。

買

下京区河原町六条東入ル梅湊町 ☎075-351-5788

「開化堂」、良い茶筒がないか、探していたの。この開化堂の茶筒！とてもシンプルで、しかもブリキ。コレだ！と思ってしまいました。お値段が少し高いのだけど、お茶にはかいたくても良いかなー。と思う今日この頃です。長く 使えそうだしね。

104

「忘吾」の おまかせコース 6800円

京都で日本料理を食べたい、京都旅でそう願う人は多い。よほどのヘソ曲がり以外は、ほぼすべてといってもいいだろう。だが最も神経を使うのもこの「京都で日本料理」なのである。何処で、何を、どう食べればいいのか、値段、その他もろもろ、気になることが山ほどある。仕来たり、そんな悩みをしょっちゅう耳にする。

料亭はやはり敷居が高い、かといって板前割烹も気がくいに緊張してしまう。でもやっぱり、せっかく京都に来たのだから日本料理を食べたい。それもできるだけ安く。よく聞く声だ。鮨屋のカウンターと同じくらい高くていい店なら幾らもある。手頃な値段できちんとした和食が食べられて、お酒もそこそこ揃っていて、と。そんな店は極めて少ない。

鴨川と並んで流れる高瀬川、その小さなせせらぎに沿った南北の通りが木屋町筋。かつては満々と水を湛えていた名残が地名になった御池。ちょうどその交わるところにあるのが「割烹 忘吾(ぼぁご)」。

多くの飲食店が建ち並び雑然としたビルの二階にある店は、大きな木のドアを開くとしかし、町家のようなアジアのような不思議な空間が広がっている。少なからず戸惑いを覚えながらも食事が始まると、歴(れっき)とした正統派の割烹料理。時間をかけてゆっくり楽しむ全十一品のおまかせコース。質、量ともに大満足。カウンターで、靴を脱いで板の間のテーブル席で。寛ぎの夕餉(ゆうげ)。

中京区木屋町三条上ル　075-213-0554

一、先付け

二、前菜

三、椀

四、造り

五、焚き合わせ

六、焼き物

七、箸休め

八、強肴

九、酢の物

十、ご飯

十一、デザート

「よねむら」の夕食

ひと口に京料理といっても、その歴史を辿れば、純粋に日本古来の様式だけで形作られたものではない。大陸から伝来してきたもの、南蛮渡来のもの、さまざまな食材や調理法が絡み合うことで今日の京料理が出来上がったといっても過言ではない。

伝統に縛られた典型にも見える京都はしかし、意外にも新しもの好きで、路面電車をはじめ、日本でいち早く外来文化を取り入れた例は少なくない。料理もまたしかり。長らく日本ではタブーとされてきた肉食が解禁されたのは明治五年。三条寺町の「三嶋亭」がすき焼き屋として店を開いたのはその翌年、明治六年のことだった。また、中国から長崎に伝わり、卓袱料理と名付けられた異国の料理も、享保年間にはすでに京都で花開き、当時の「佐野屋」、今の「鳥居本」に伝わっている。京都の花街にすんなりと中国料理が受け入れられたのは、この卓袱料理があったからだという。

外来文化が京都に伝わると京都色に染まる。「三嶋亭」などはいかにも京都らしい店に見えるから不思議だ。

バカラのガラスにキャビア、マイセンのお皿にフォアグラが出てきたとしても、その佇まいはいかにも京都の店。

祇園下河原の「よねむら」は古い町家を改造して、フレンチでも日本料理でもない、創作料理の店として人気を集めている。

料理。いつしか京都の街にしっくりと溶け込んだ。確かな素材。洗練を極めた器遣い。繊細と大胆を織り交ぜた料理の組み立ては新たな伝来

東山区八坂鳥居前下ル清井町 481-1　☎075-533-6699

「賀茂川」の 飛び石

水が流れている。

京都の真ん中を北から南へ流れる賀茂川。

京都を旅して、この流れを幾度眺め、幾度横切ったか。

賀茂川は途中、高野川と合わさって鴨川となる。

鴨川で憩うのは若いカップルたち。

御池大橋辺りから四条大橋まで。見事に等間隔で並ぶ。

ぴったりと寄り添うふたつの影を見下ろすのが川床。

京都の夏の風物詩、鴨川の床店で舌鼓を打つ。

涼を呼ぶ眺めに見えて、実は見かけほど涼しくはない。

それはきっと熱いカップルのせい。

一方、賀茂川で憩うのは子供たち、それに犬。浅瀬に足を浸け、嬌声を上げる。

いかにも夏らしい涼やかな眺めに心が和む。0円の和み。

「涼」。三水に京と書く。水に寄り添う京は涼やか。

京都はずっと、水に寄り添って千年を越えて生きてきた。

京都はきっと、水に寄り添ってこれからも生きていく。千年も二千年も。

この次の京都旅、紅葉の落ち葉が浮き沈みする流れに出会うことだろう。

京都の旅は水で終わる。

「賀茂川」
よく見るのは 鴨川。賀茂川
は あまり見ていない気がする。
京都は、水にとても縁が深いところ
だな〜と 思います。この賀茂川の飛び
石。何度 渡ってみる？ 落ちて、びしょびしょ
に ならないように…。
行くなら夏から…。

「田舎亭」の　片泊まり

8500円

「京都では夕食を食べずに朝食だけ付いた宿のことを、片泊まりの宿と呼ぶ」。僕も再三、この「片泊まりの宿」を紹介してきたのだが、実はこれ、そんなに古くからある言葉ではない。本当は「半泊まり」と宿屋では呼んでいたのを、あまり京都らしい言い回しではないので、マスメディア向けに、誰かが作り出したのである。

だが、これがなかなか座りのいい言葉、いかにも京都らしい余韻の残る響きなので、誰もこの表現を否定しないのだ。この辺りに、京都人のしたたかな狡猾さが見てとれる。仮に「片泊まり」という言葉が京都の雰囲気を壊すようなものだったら、京都の識者たちの袋叩きにあうのは間違いない。

というわけで、誰もが憧れる「片泊まりの宿」である。京都には美味しい夕食を食べられる店がたくさんある。となると、二食付きの旅館は避けたいところ。でも京都らしい風情に欠けるホテルも避けたい。そんな矛盾を一気に解消してくれるのがこの「片泊まりの宿」。僕のおすすめは石塀小路にある「田舎亭」。

かつては一見さんお断りの宿、映画人や文化人御用達の定宿だったのが、今では一般客も利用できるようになった。小さな宿に加えて、近頃は大人気なので、早めの予約が必須。

東山区祇園下河原石塀小路463　075-561-3059

「御宿にわ」の一泊二食付き

8500円

京都駅近く、本願寺辺りには今も多くの旅館があるが、古くは各地方ごとに宿屋が決まっていて、その地方の名がそのまま宿の名に残るところも少なくない。「北海館」「新潟屋旅館」「尾張屋旅館」などがその典型だろうか。

それぞれの地方から大挙して本願寺参りにやって来て、一夜、馴染みの宿で宴を張り歓談したのだろう。

京都人なら親しみを込めて「お東さん」と呼ぶ東本願寺の門前に暖簾を掲げる「御宿にわ」も、そんなうちの一軒である。古くから愛知県・一宮周辺の人たちの詰所であったというから丹羽郡の丹羽から取った名前だろうか、とは僕の勝手な想像で、実際は、本願寺の庭のような場所からきているのかも知れない。

当時の雰囲気そのままに古い町家づくりの構えにホッとして中に入ると、一転して機能的に改装されているので快適に過ごせる。宿づくりに情熱を燃やす主人夫婦がさまざまに工夫を重ねてつくり上げた宿。老夫婦と子供家族が一緒に泊まれる部屋があったり、木の香漂う立派な風呂があったりと、随所にもてなしの心が見てとれる。

夜は宿名物の鍋を囲み、朝は心のこもった朝ご飯にほっこり和む。それでいて、二人で泊まれば一人が八千五百円。何かと出費のかさむ京都旅にはありがたい。

門限があって、夜の十時と宵っ張りには少々辛いが、夜は宿でのんびり過ごし、そのぶん早起きして目の前のお東さんにお参りするのはどうだろう。身も心も引き締まり、新たな気分で京都を歩く。そんな健やかな宿である。

下京区東本願寺菊ノ門前　075-351-1808

「要庵 西富家」の 夜泊まり

27000円

あらかじめお断りしておくが、この夜泊まり、という言葉は僕の造語である。「夜泊まりはできますか」などと言ってもきっと通じないのでご注意を。ここで言う「夜泊まり」というのは、「片泊まり」の反対語だと思っていただければいい。朝食だけを付けてもらって泊まるのが「片泊まり」なら、夕食だけを頼んで朝食はパス。一泊夕食付きで泊まる、というのを「夜泊まり」と勝手に名付けた次第。

名付けたのは僕だが、柔軟に対応してくれる京都の旅館なら、これまでも、こういう泊まり方を引き受けてくれている。朝は食べたくないから、あるいは宗教上の理由から朝は食べない、いろんな理由で朝食をとりたくない人だっているに違いない。そんなわがままを聞いてくれる宿こそが、客の立場を理解してくれる「いい宿」なのである。

京都の台所、錦市場に程近い「要庵 西富家」は、京都に数多有(あまた)ある名旅館の中で、絶えず客の立場になって宿づくりを進めている旅館の筆頭に挙げられるだろう。もちろん二食付きが基本だが、リクエストすれば、片泊まりだって、素泊まりだって事情が許す限り応じてくれる。

さて何故「夜泊まり」なのか。理由はふたつ。ひとつには、ゆっくり朝寝坊したいから。朝食を食べるために布団を上げられるのだから食べなければずっと寝ていられる。チェックアウトの十一時ぎりぎりまで朝寝(むさぼ)を貪る。ふたつには、うんとお腹を減らせてお昼を美味しく食べる。旅の朝食は何故か食べ過ぎてしまい、結果、お昼になってもお腹が減らない。朝寝坊の後の美味しいブランチ。そのための「夜泊まり」。

中京区富小路通六角下ル　☎075-211-2411

「夜泊まり」
今までの京都の旅って、ホテルを取って、一日中外で歩きまわり、ホテルはほとんど寝るだけっていうのだったけど、こういう旅館で、のんびりした時間を多く取るっていうのも良いのかもしれない。もう少し年になったら、こんな贅沢な旅も、してみたい。

120

夜はひたすら食べて飲んで眠る。
朝は、とろとろと、眠りを貪る。
目覚めたら、どっぷり湯に入る。
これ、「夜泊まり」の極意なり。

京都「足」の値段

京都へやって来た。まず降り立つのはやはり京都駅だろうか。さてどこへ行くのか。何で行くのか。

京都はさほど広い街ではない。とりわけ本書に登場する店や場所は、市街中心部に固まっている。ざっとで言えば一里四方、せいぜいが五キロの枠内に収まってしまう。歩いて歩けない距離ではない。健脚の方ならまずは徒歩で移動が一番安くて確実な移動手段である。

歩くのはちょっと、躊躇うなら次におすすめは自転車。

京都に住まう僕の移動はほとんどが自転車。京都駅から北の端、北山界隈までででも三十分はかからない。街は縦横十文字、碁盤の目のように区切られているので慣れれば移動は簡単。目指す場所へ最短距離で移動できるのが自転車。京都駅の真ん前、無印良品のレンタサイクルが便利このうえない。風を切って縦横無尽、渋滞横目に走り回れば時間短縮にもなるうえ、適度な運動でお腹も減ってますます美味しい京都が待っている。

大敵は雨。雨の自転車はちょっと厳しい。やむなく頼るは公共の交通機関。縦横二本の地下鉄と網の目を作る市バス。これを駆使すれば京都の街はたいてい回れる。あちこち移動を予定しているなら、一日券がお買い得。バスと地下鉄両方乗り放題で千二百円、市バスだけなら五百円。二日間フルに動くなら二千円の二日券もある。

待てば来ないのがバスや地下鉄。地下鉄はまだしも、バスは行き先によっては本数も少なく、渋滞の影響をもろに受けるので、イライラするのは毎度のこと。感知機の付いたバス停では運行状況を知らせてくれるが、「間もなく来ます」の表示が出ても姿は見えず、よくあること。

待ち切れずにタクシーを、となる。京都のタクシーは各社入り乱れての値下げ競争。安い会社に乗れたらラッキー。乗り場に並ぶと選べないので流しを拾う。ボディに大書してある値段をチェック、五百円台がお得。行儀がいいので有名なMKタクシーも安いクチだが、転業した新人ドライバーも少なくない。迷ったあげくに遠回り、ということもかつてはあったが、今はほとんどがナビ完備。やっぱり京都では一番のおすすめか。

最もおすすめできないのがマイカーによる移動。道が狭く、渋滞も多い京都の街、さらにはほとんどが駐禁区域なので駐車代も高くつく。

歩く、自転車、公共交通機関、これらを使うのが京都「足」の値段としては賢明である。

124

580円

「MKタクシーの初乗り運賃」

℡075-721-4141（配車）

500円

「市バス専用一日乗車券カード」

定期券発売所、市バス営業所、市バス・地下鉄案内所、コンビニエンスストアなど。

バスチケットセンター・市バス総合案内所 ℡075-371-4474

1200円

「京都観光一日乗車券」

地下鉄駅券売機、市バス・地下鉄案内所、定期券発売所、地下鉄駅、市バス営業所、市内特約ホテル・旅館、全国の大手旅行代理店

1000円

「無印良品のレンタサイクル」

京都市下京区烏丸通七条南　プラッツ近鉄1階
無印良品レンタサイクルコーナー
℡075-361-1111（代）

地図 p.127　ん-A4

「足」
今までの私たちの京都の足は、まさに「自分の足」だったけど、この「無印のレンタサイクル」でちょっといいかもしれない。自転車さえあれば、けっこう、いろいろなところに行けそう。
今後の足として、検討してみる？

125

店案内マップ

京都市街地図

グリッド A

1列
- 下長者通
- 京都府庁
- 下立売通
- 椹木町通
- 京都御所
- 烏丸通
- 竹屋町通
- 丸太町駅
- 夷川通
- 二条通
- 松屋常盤
- ◯竹
- 高倉通

2列
- 押小路通
- 御池通
- 烏丸御池駅
- 姉小路通
- 三条通
- 地下鉄烏丸線
- 六角通
- 蛸薬師通
- 錦小路通
- 四条通
- 宮脇賣扇庵
- 要庵 西富家
- こんなもんじゃ
- 麩嘉
- 大國屋
- 大丸

3列
- 綾小路通
- 仏光寺通
- 高辻通
- 新町通
- 室町通
- 烏丸通
- 四条駅
- 東洞院通
- 堺町通
- 富小路通
- 御幸町通
- 市原平兵衛商店
- 桜田
- 五条通
- 不明門通
- 五条駅
- 開化堂
- 御宿にわ

4列
- 若宮通
- 東本願寺
- 七条通
- 大弥食堂
- 京都タワー●
- プラッツ近鉄
- 塩小路通
- 京都駅
- 大阪

グリッド B

1列
- 京都御所
- 鴨川
- 京阪鴨東線
- 丸太町通
- 河原町丸太町
- 寺町通
- 麩屋町通
- 丸太町駅
- 一保堂茶舗
- BAR K6
- 河原町二条
- 冷泉通

2列
- 湯波半
- 京都市役所前駅
- 鳩居堂
- 一忘吾
- カフェリドルー
- ないとう
- ギャラリー遊形
- 近喜
- 有次
- 近又
- 三条駅
- 川端通
- 三条京阪駅
- いづう
- 花見小路
- 桃庭
- 原了郭
- 阪急京都本線
- 河原町駅
- 南座
- 四条駅
- 藤井大丸
- 高島屋
- 河原町通

3列
- 花吉兆
- 丸梅
- 建仁寺
- ぎをん まんざら
- 八坂通
- 大和大路通
- はれま
- 宮川町通
- 木屋町通
- 五条通
- 河原町五条
- 鴨川
- 京阪本線
- 上ノ口通

4列
- 渉成園
- 豊國神社
- 東山七条
- 七条駅
- 河原町七条
- 三十三間堂
- 七条通
- 今熊野
- 宇治

グリッド C

1列
- 東大路通
- ⓟ聖護院
- 聖護院八ッ橋総本店
- 東山丸太町
- ⓟ平安神宮
- 岡崎通
- 細見美術館
- 岡崎公園

2列
- 琵琶湖疏水
- 仁王門通
- 辻留
- 東山駅
- 地下鉄東西線
- 一澤帆布
- 華頂道
- ⓟ知恩院
- よーじや
- 千ひろ
- いもぼう平野家本家
- 円山公園
- 八坂神社
- 祇園
- ベージュカフェ

3列
- 阪川
- よねむら
- やよい
- ⓟ高台寺
- ひさご
- 石塀小路
- 田舎亭
- 黒豆茶庵 北尾一
- 二年坂（二寧坂）
- イノダコーヒ
- 三年坂（産寧坂）
- 清水坂
- 五条坂
- 東山五条
- 清水寺

4列
- 渋合通
- 妙法院
- 東京・名古屋
- JR東海道本線
- JR東海道新幹線

200m N

京都を知る　アクセス先

雑誌でもテレビでも、「京都」の二文字は氾濫している。京都の食、京都の穴場、京都の伝統。その気になれば京都の情報は容易に集められる。だがそこには情報を発信している側の情緒的な意図が少なからず存在している。もちろん、本書もその典型である。

「京都を知る」、それはある意味で「京都を知る人」を知ることなのでもある。それは一個人の場合もあれば、組織、団体のこともある。あらゆる「京都を知る人」を集め、その言葉を選び分けることで、自分だけの「京都を知る」。

京都で行われるさまざまな行事、暮らしぶりは地元「京都新聞」に詳しい。京都を素材として、毎月テーマを変えて特集を組む「月刊京都」は実用に役立つ。だが今の時代、インターネットが「京都」を知る一番手軽な手段だ。例えばタクシードライバー堤さんのHP、これだけでも「京都を知る」には充分な情報が掲載されている。日夜京都の町を走り回っている「京都を知る堤さん」を知ることで「京都を知る」のだ。

京都観光タクシー　堤さんのHP
http://plaza24.mbn.or.jp/~kyotocity/index.html

京都新聞
http://www.kyoto-np.co.jp/

京都市観光協会
http://www.kyokanko.or.jp/

京都市交通局
http://www.city.kyoto.jp/kotsu/main.htm

JR東海
http://www.jr-central.co.jp/station.nsf/frame/kyoto_menu

e‐京都
http://www.e-kyoto.net/

雑誌　月刊京都
http://www.gekkan-kyoto.net/

本書をお使いいただくにあたって

●紹介した値段（料金）には、原則として消費税、サービス料は含まれていません（詳しくは、掲載先へお問い合わせください）。
●ここに掲載されているのは、2003年3月に確認した情報です。掲載先の事情によって、料金、営業時間など変更になることがあります。ご了承ください。
●紹介したものと類似した商品名、店名があります。お問い合わせになるときはお間違えのないようお願いいたします。
●紹介した料理・商品・イベントには、期日限定、季節限定のものがあります（詳細は索引に記してあります）。
●旅館、料理店などは早めのご予約をおすすめいたします（とくに観光シーズン）。
●紹介している内容にジャンルの記号を添えてありますが、あくまでもご利用いただく際のひとつの目安です。

歩く・見る　買う　食べる　憩う　遊ぶ　泊まる

器クレジット

撮影協力：セゾン・ド・ジャポン
北区上賀茂今井河原町55　☎075-712-6002

p.15　豆餅
灰釉耳付き菓子鉢（隈井秀樹作）　4800円

p.21　引き上げゆば
プレスガラス皿角小皿（アンティーク）　4000円
プレスガラス皿六寸鉢（アンティーク）　9000円

p.23　いり番茶
汲み出し碗（南 剛作）　5客1万円
摺り漆茶托（村山冬夏作）2800円

p.31　涼一滴
ガラス渦巻きそば猪口　950円

p.33　ちらし麩
ガラス高台盃　650円

p.35　しば漬け
蛸唐草八寸皿（古伊万里）　12万円
根竹取り箸　1000円

p.37　カネール
白マット一口ビール（高野基夫作）　2600円
白化粧カップ＆ソーサー（南 剛作）　4500円

p.39　粉山椒、黒七味
スプーン（竹製、朱塗り）　550円
金・銀箔リバーシブルプレスマット　4000円

p.43　みたらし団子
粉引八寸皿（堀岡岳之作）　6600円

p.59　味噌松風
白マット一文字七寸皿（高野基夫作）　1万円
菓子フォーク（木製、朱塗り）　400円

p.69　ソープケース
TAITU　プレスプレート　7000円

p.72～73　じゃこ山椒
粉引赤絵唐草飯椀（堀岡岳之作）　2800円
粉引赤絵長方小皿（堀岡岳之作）　1200円

p.79　ぶぶうなぎ
青磁飯椀（河合正光作）　3000円
白磁急須（小関 徹作）　1万円
箸置き（高野基夫作）　600円
箸　2000円
足付き丸膳（越前塗）　6600円

p.85　鯖姿寿司
カットガラス六寸皿（アンティーク）　5000円

「染井の名水」
そめいのめいすい
★ p.6　地図 p.126　ね-A3
梨木神社内にある京都三名水のひとつ。
★梨木神社　上京区寺町通広小路上ル
☎075-211-0885

「近喜」
きんき
★ p.8　地図 p.127　ん-B2
小ひろうすは、木耳（きくらげ）、人参、牛蒡入りで一個50円。上ひろうすは、木耳、人参、牛蒡、百合根、銀杏入りで一個120円。ほかに生麩各種を扱っている。明治時代の創業。錦市場内。
★中京区錦通富小路東入ル
☎075-221-1931
［営］8:00〜18:00
［休］水曜

「長久堂」
ちょうきゅうどう
★ p.10　地図 p.126　ね-A1
桜干菓子は和三盆のものが一個50円、有平糖のものが一個150円。春先のみの限定商品。求肥がおいしいことでも知られる。銘菓「きぬた」は嘉永6年（1853）以来続くロングセラー。
★北山店　北区上賀茂畔勝町97-3
☎075-712-4405
［営］10:00〜19:00
［休］火曜（不定休）
＊四条店　中京区河原町四条上ル
☎075-221-1607

「鳩居堂」
きゅうきょどう
★ p.12　地図 p.127　ん-B2
シルクハガキは四季の花柄を優しさあふれるシルクスクリーンで仕上げたもの（季節によって商品は入れ替わる）。ほかにワンポイントの花柄や、おしゃれな図柄を揃えた遊心シリーズなどのハガキもある。
★中京区寺町姉小路上ル本能寺前町520
☎075-231-0510
［営］10:00〜18:00
［休］日曜
http://www.kyukyodo.co.jp/

「一保堂茶舗」
いっぽどうちゃほ
★ p.22　地図 p.127　ん-B1
いり番茶小300円(200g、袋入り)、大 600円(400g、袋入り)。宇治茶(抹茶、玉露、煎茶、ほうじ茶など)を商う。店内に喫茶室「嘉木」を併設。280年前の享保2年(1717)に創業した茶、茶器、陶器を扱う店「近江屋」が前身。弘化3年(1846)、山階宮(やましなのみや)より宇治茶ひとつを保つ(宇治茶のみを扱う)ようにと「一保堂」の屋号を賜った。
★中京区寺町通二条上ル
☎075-211-3421
[営] 9:00 〜 19:00(日曜、祝日は〜 18:00)
[休] 無休
http://www.ippodo-tea.co.jp/

「大文字送り火」の護摩木
だいもんじおくりびのごまき
★ p.24
護摩木300円、割り木(自然木のもの)400円、ともに平成14年の値段。護摩木の配布は8月15日と16日。配布は銀閣寺山門前。送り火は8月16日午後8時開始。問い合わせ窓口は大文字保存会。
★大文字保存会(会長・井上卓也氏)
☎075-771-9612
＊連絡先は会長個人宅のため、お問い合わせはできるだけお控えください。

「大弥食堂」
だいやしょくどう
★ p.26　地図 p.127　ん-A4
東本願寺に程近い場所にあって、早朝から営業しているのがありがたい。写真のかやくうどんは300円。うどん、そば各250円。にしんそば430円。一番高いメニューが鍋焼きうどんで550円。しかも消費税なし。
★下京区下珠数屋町通東間之町東入ル
☎075-371-1194
[営] 7:00 〜 18:00
[休] 日曜

「出町ふたば」
でまちふたば
★ p.14　地図 p.126　ね-A3
名代豆餅150円のほかに、田舎大福160円、水無月150円、くず饅頭(夏)160円、丹波栗餅(秋)160円などがある。すべて一個の値段。
★上京区出町通今出川上ル青龍町236
☎075-231-1658
[営] 8:30 〜 17:30
[休] 火曜、第4水曜
＊髙島屋京都店(常設)、ジェイアール京都伊勢丹(月・水・金曜の13:00 〜、第4水曜は休み)、大丸京都店でも取り扱う。

「こんなもんじゃ」
こんなもんじゃ
★ p.16　地図 p.127　ん-A2
「京とうふ 藤野」の姉妹店。藤野の豆乳でつくるソフトクリーム200円ほか、豆乳ドーナツ(8個150円)などを扱っている。
★中京区錦小路通堺町西北角
☎075-255-3231
[営] 10:00 〜 18:00
[休] 無休
http://www.kyotofu.co.jp/

「よーじや」
よーじや
★ p.18　地図 p.127　ん-B2
ユニパック200円。京都のスーブニールの代名詞となったあぶらとり紙は320円。
★祇園店　東山区祇園四条花見小路東北角
☎075-541-0177
[営] 10:00 〜 20:00
[休] 第1・2・3木曜(祝日の場合は営業)
http://www.yojiya.co.jp/
＊新京極本店(中京区新京極花遊小路　☎075-221-4626)をはじめ京都市内に7店がある。

「湯波半」(湯波半老舗)
ゆばはん
★ p.20　地図 p.127　ん-B2
引き上げゆば5枚1000円。デリケートな味わいのつまみ上げゆば1パック1200円(100g 600円)、さしみゆば一束1500円などがある。享保元年(1716)創業。
★中京区麩屋町通御池上ル
☎075-221-5622
[営] 8:00 〜 18:00
[休] 木曜

「聖護院八ツ橋総本店」
しょうごいんやつはしそうほんてん
★ p.36　地図 p.127　ん-C1
カネールは 15 本入り 430 円。シナモン風味と写真で紹介したビターなコーヒー風味がある。本店、熊野店、市内百貨店の限定商品。
★左京区聖護院山王町 6
☎ 075-752-1234
［営］8:00 〜 18:00
［休］1 月 1 日
http://www.shogoin.co.jp/
＊熊野店（左京区聖護院山王町 16
☎ 075-771-8284）など市内に 4 直営店がある。

「原了郭」
はらりょうかく
★ p.38　地図 p.127　ん-B2
写真で紹介しているのは粉山椒、黒七味、ともに 500 円（豆袋 35 袋入り）。それぞれミニ竹入り（800 円）、丸筒（1200 円）もある。元禄 16 年（1703）創業。一子相伝で守り続ける製法をもとに、13 代目が一人で全工程を受け持っている。
★東山区祇園町北側 267
☎ 075-561-2732
［営］10:00 〜 18:00
［休］木曜

「祇園祭」
ぎおんまつり
★ p.40
ちまきの詳細については山鉾連合会へ。
★山鉾連合会
☎ 075-223-6040
＊ 2002 年の祇園祭についての情報は下記で。
http://www.kbs-media.net/gion/

「亀屋粟義」
かめやあわよし
★ p.42　地図 p.126　ね-A2
加茂みたらし茶屋のみたらし団子として有名。5 本 500 円。
★左京区下鴨松ノ木町 53
☎ 075-781-1460
［営］9:30 〜 20:00
［休］水曜

「船岡温泉」
ふなおかおんせん
★ p.28　地図 p.126　だ-A2
入湯料 340 円。脱衣場は大正 12 年（1923）の創業時の佇まいを今にとどめている。
★北区紫野南舟岡町 82-1
☎ 075-441-3735
［営］15:00 〜翌 1:00（日曜、祝日は 8:00 〜）
［休］無休
http://www.geocities.co.jp/SilkRoad-Desert/6711/

「紫野源水」
むらさきのげんすい
★ p.30　地図 p.126　だ-B1
涼一滴 350 円はごま風味と水ようかんの 2 種類がある。ゴールデンウイーク後から 9 月中旬までの夏季限定。店頭には常時 5 〜 6 種類の季節菓子が並ぶ。
★北区北大路新町下ル西側
☎ 075-451-8857
［営］9:00 〜 19:00
［休］日曜、祝日

「麩嘉」（麩嘉　錦店）
ふうか
★ p.32　地図 p.127　ん-A2
ちらし麩 400 円。生麩の専門店。
★中京区堺町錦小路角
☎ 075-221-4533
［営］9:30 〜 17:30
［休］月曜、2 月〜 8 月の最終日曜
http://www.kyoto-nishiki.or.jp/shop/fuka/fuka.htm

「野呂本店」
のろほんてん
★ p.34　地図 p.126　ね-A3
「野呂本店」のしば漬けには 2 種類ある。写真の味しば 400 円（130g）は大原の赤紫蘇と茄子を細かく刻んだ柔らかいしば漬け。もうひとつが御所しば 400 円（140g）で、こちらは胡瓜が主のパリパリしたしば漬け。ともに着色料、保存料は一切使っていない。夏は浅うりや青てっぽう、冬は千枚漬や聖護院かぶらなど、季節ごとに漬物の名品が出揃う。
★上京区寺町今出川上ル立本寺前町 77
☎ 075-231-0749
［営］9:00 〜 18:00
［休］1 月 1 日〜 4 日
http://www.kyoto-thinking.co.jp/norohonten/

「細見美術館」
ほそみびじゅつかん
★ p.50　地図 p.127　ん-C1
入館料 700 円。特別展の場合は変わる。
★左京区岡崎最勝寺町 6-3
☏ 075-752-5555
開館時間／10:00 〜 18:00
＊展示会内容によって変更あり。
[休] 月曜（祝日の場合は翌日）
http://www.emuseum.or.jp/

「アッサム」(Tea House Assam)
アッサム
★ p.52　地図 p.126　ね-C3
写真手前はアイスシャリマ（アッサムのアイスティーとオレンジ果汁）、奥がダージリンファーストフラッシュのアイスティー、ともに 700 円。クレームブリュレ 500 円。おすすめはポットサービスのシーズンティー。スコーン、チーズケーキ数種など自家製菓子各種あり。
★左京区浄土寺上南田町 65　志津屋ハイツ 1 階南側
☏ 075-751-5539
[営] 10:00 〜 19:00
[休] 木曜

「BAR K6」
バー ケーシックス
★ p.54　地図 p.127　ん-B1
写真の「嵯峨野」800 円ほか、「京椿」「春の訪れ」など、季節の移ろいによってオリジナルカクテルが登場する。ビール 500 円〜、ウイスキー 800 円、グラスワイン 1000 円。チャージ 300 円。シガーも可。
★中京区木屋町二条東入ル　ヴァルズビル 2 階
☏ 075-255-5009
[営] 18:00 〜翌 3:00（金曜、土曜は〜翌 5:00）
[休] 無休

「ベージュ・カフェ」
ベージュカフェ
★ p.56　地図 p.127　ん-C3
グラスワイン 800 円、カクテル 700 円〜、ウイスキーショット 700 〜 1000 円。チャージ 500 円。ソフトドリンクはコーヒー 600 円、紅茶 600 円。
★東山区祇園町南側 506-2
☏ 075-532-2255
[営] 11:00 〜 18:00（カフェタイム、冬季休業）、18:30 〜翌 2:00（バータイム）
[休] 月曜

「○竹」
まるたけ
★ p.44　地図 p.127　ん-A1
中華そば 600 円。写真は煮玉子のせ（50 円増し）。醤油 600 円、塩 600 円。創作中国料理の店から 2002 年 11 月ラーメン店に転身。
★中京区竹屋町通堺町西入ル和久屋町 101
☏ 075-213-1567
[営] 11:00 〜 20:00（売り切れ仕舞い）
[休] 月曜
http://www62.tok2.com/home/marutake/

「とようけ茶屋」
とようけぢゃや
★ p.46　地図 p.126　だ-A2
とようけ丼 650 円のほか、湯豆腐膳 1000 円、生湯葉丼 800 円などがある。
★上京区今出川通御前西入ル紙屋川町 822
☏ 075-462-3662
[営] 11:00 〜 15:00（売り切れ仕舞い）
[休] 木曜（25 日の場合は営業）、月 1 回不定休

「イノダコーヒ」
イノダコーヒ
★ p.48　地図 p.127　ん-C3
ロールパンセット 700 円はコーヒーまたはスープを選択。京の朝食 1000 円（ジュース、サラダ、卵、ハム、パン、コーヒーまたは紅茶）。ホットコーヒー（アラビアの真珠）460 円。ここで紹介している「清水支店」は、平成 12 年に京都の老舗が集まり出来た「青龍苑」内に開店。ローズウッドを基調とした天井の高いゆったりとした空間から日本庭園が望める。
★東山区清水 3-334（青龍苑内）
☏ 075-532-5700
[営] 9:00 〜 17:00
＊夜間拝観などの行事期間は延長あり。
[休] 無休
[カード] ほぼすべて可
http://www.inoda-coffee.co.jp/
＊本店（中京区堺町通三条下ル道祐町 140　☏ 075-221-0507）をはじめ市内に 7 店がある。

「カフェリドル」
カフェリドル
★ p.66　地図 p.127　ん-B2
「琥珀の女王」と名付けられた特製アイスコーヒー 900 円。アンティークグラスで供されるので、器を愛でる楽しさも味わえる。ブレンド 600 円。主人手づくりのデザートはどれも上質。オレンジクリーム 900 円ほか。
★中京区木屋町通三条上ル二筋目　CEO 木屋町ビル 2 階
☎ 075-223-3820
［営］13:00 〜 23:00
［休］水曜

「ギャラリー遊形」（俵屋旅館）
ギャラリーゆうけい
★ p.68　地図 p.127　ん-B2
石鹸、寝巻き、箸置きなど「俵屋旅館」グッズを扱う直営店。旅館から数分ほど離れた、旅館が営む天ぷら屋「点邑（てんゆう）」が入るビルの 1 階にある。名物の石鹸「サヴォン・ド・タワラヤ」1300 円（6 個入り）は超人気商品。専用のソープケース 1000 円（石鹸 1 個入り）も最近誕生。俵屋の頭文字 T をデザインしたロゴの色違い（ゴールド、ホワイト）で 2 種類ある。
★中京区御幸町通三条下ル　点邑ビル 1 階
☎ 075-257-6880
［営］11:00 〜 19:00
［休］火曜

「黒豆茶庵 北尾」
くろまめさあん きたお
★ p.70　地図 p.127　ん-C3
黒豆御膳 1000 円。黒豆ごはん、黒豆納豆の天ぷら、黒豆よせ豆腐、黒豆の煮豆、黒豆みそ汁、と黒豆尽くし。それにじゃこ山椒が付く。
★清水店　東山区清水寺門前産寧坂北入ル
☎ 075-551-0101
［営］10:00 〜 18:00
＊黒豆御膳は 16:00 頃まで（売り切れ仕舞い）
［休］無休
http://www.kitaoshoji.co.jp/
＊黒豆御膳は錦店（中京区錦小路通麩屋町西入
☎ 075-221-5003）でも食べることができる。

「松屋常盤」
まつやときわ
★ p.58　地図 p.127　ん-A1
味噌松風 800 円は要予約。もうひとつの名物、きんとんは一個 250 円。
★中京区堺町通丸太町下ル橘町
☎ 075-231-2884
［営］9:00 〜 17:00
［休］不定休

「鳥岩楼」（西陣 鳥岩楼）
とりいわろう
★ p.60　地図 p.126　だ-A2
親子丼 800 円、鶏スープと漬物が付く。コーヒーはプラス 200 円。水炊き 6000 円。
★上京区五辻通智恵光院西入ル
☎ 075-441-4004
［営］12:00 〜 20:00　＊親子丼は〜 14:00
［休］木曜（祝日の場合は営業）

「ひさご」
ひさご
★ p.62　地図 p.127　ん-C3
にしんそば 850 円（7 月〜 9 月は扱いなし）、親子丼 850 円。
★東山区下河原通八坂鳥居前下ル下河原町 484
☎ 075-561-2109
［営］12:00 〜 19:00
［休］月曜（祝日の場合は翌日）

「有次」
ありつぐ
★ p.64　地図 p.127　ん-B2
花びらの抜き型（中、小）900 円、深桜の抜き型（中）1100 円。
★中京区錦小路通御幸町西入ル鍛冶屋町 219
☎ 075-221-1091
［営］9:00 〜 17:30
［休］無休
http://www.aritsugu.com/
＊髙島屋京都店にも有次コーナーがある。

「市原平兵衛商店」
いちはらへいべえしょうてん
★ p.74　地図 p.127　ん-A2
写真は京風もりつけ箸、中 1100 円。大は 1500 円、食事用にも使える小は 1000 円。看板商品の「みやこばし すす竹」は大 4500 円、中 3800 円、小 3300 円。明和元年（1764）創業の箸専門店。取り扱い品種は約 400。
★下京区堺町通四条下ル
☎075-341-3831
［営］10:00 〜 18:30（日曜、祝日は 11:00 〜 18:00）
［休］日曜（不定休）
http://www.kyoto-shijo.or.jp/shop/ichihara/

「ないとう」（プチレストランないとう）
ないとう
★ p.76　地図 p.127　ん-B2
ささみトマトクリームコロッケ 1200 円は昼定食値段。ご飯と味噌汁が付く。トマトクリームを鶏のささみで包んだシェフ考案のメニュー。夜は単品（1 個付け）で 700 円。ロースカツ 150g 1600 円〜はおすすめの定番。
★中京区河原町通三条上ル一筋目東入ル恵比須町 446
☎075-211-3900
［営］11:30 〜 14:00（L.O.）、17:30 〜 22:30（L.O.）
［休］月曜、第 3 日曜
［カード］不可

「大國屋」
おおくにや
★ p.78　地図 p.127　ん-A2
ぶぶうなぎ 1700 円。備長炭でこんがり焼いたうなぎを、タレに山椒の実を加えて焚いたもの。大國屋は錦市場屈指の川魚商店で、川魚、うなぎの蒲焼などを扱う。あられ処「橘屋」のぶぶあられと、宇治「丸久小山園」の煎茶、ほうじ茶を組み合わせたぶぶうなぎセット 2800 円もある。
★中京区錦小路富小路西入ル東魚屋町
☎075-221-0648
［営］9:00 〜 18:30
［休］水曜
http://www.kyoto-nishiki.or.jp/shop/ookuniya/ookuniya.htm

「はれま」
はれま
★ p.72　地図 p.127　ん-B3
チリメン山椒 1000 円（72g、折詰）。売り切れの場合あり。
★本店　東山区宮川筋 6-357
☎075-561-4623
［営］10:00 〜 18:00
［休］日曜、祝日
http://www.harema.co.jp/index.html
＊高台寺店　東山区下河原高台寺南町 415
☎075-541-8077

「やよい」（京佃煮店舗 やよい）
やよい
★ p.72　地図 p.127　ん-C3
おじゃこ 1000 円（90g、箱入り）。お徳用パック入り 1000 円（110g）もある。売り切れの場合あり。
★東山区祇園下河原清井町 481（八坂神社南桜門より 100m 南）
☎075-561-8413
［営］10:00 〜 18:00
［休］不定休、夏期休暇（8 月末の 6 日間）、冬期休暇（元日より 6 日間）
http://www.yayoi-ojako.co.jp/
＊ジェイアール京都伊勢丹、高島屋京都店でも取り扱う。

「しののめ」
しののめ
★ p.72　地図 p.126　だ-B1
じゃこ山椒 1100 円（箱入り）。袋入りは 800 円。売り切れの場合あり。
★北区小山元町 53
☎075-491-9359
［営］9:00 〜 18:00
［休］日曜、祝日、第 2 土曜

「近又」（懐石・宿 近又）
きんまた
★ p.86　地図 p.127　ん-B2
朝ご飯セットは焼き魚、だし巻き卵、自家製胡麻豆腐、季節のおばんざい3品と、ご飯、味噌汁。テーブル席 2500 円、3000 円。座敷はデザートが付いて 3500 円、4000 円。昼懐石はテーブル席 4000 円〜、座敷 8000 円〜。夕懐石はテーブル席 1 万円〜、座敷 1 万 3000 円〜。要予約。サービス料はテーブル席 10%、座敷 15%。享和元年（1801）、初代近江屋又八が近江の薬商人向けの宿として創業。
★中京区御幸町通四条上ル
☏075-221-1039
[営] 朝は 7:30 〜 9:00（L.O.）、昼は 12:00 〜 13:30（L.O.）、夜は 17:30 〜 19:30（L.O.）
[休] 水曜
[カード] ほぼすべて可
http://www.kinmata.com/

「いもぼう平野家本家」
いもぼうひらのやほんけ
★ p.88　地図 p.127　ん-C2
花御膳はいもぼうのほか、和え物、お椀、祇園豆腐、とろろの巻、ご飯と香の物が付いて 3000 円。看板料理の「いもぼう」の素材は、夏季は里芋となる。
★東山区円山公園内
☏075-525-0026
[営] 11:00 〜 20:00（L.O.）
[休] 無休
[カード] ほぼすべて可
http://r.gnavi.co.jp/imobou/

「一澤帆布」
いちざわはんぷ
★ p.90　地図 p.127　ん-C2
トートバッグ 3300 円。生地色は 12 種類。写真で紹介したのは黄色と、90 ページ左からベージュ、紫、白、紺、赤、わさび。帆布袋は各種のデザインがある。
★東山区東大路古門前（知恩院前）上ル西側
☏075-541-0138
[営] 9:00 〜 17:30（土曜、祝日は〜 17:00）
[休] 日曜
http://www.ichizawahanpu.co.jp/

「桃庭」（中国料理 桃庭）
たおてい
★ p.80　地図 p.127　ん-B2
ランチ 1800 円（1 階テーブル席）。昼のおまかせコース 5000 円、8000 円（2 階座敷）。夜のおまかせコースは 6000 円〜。広東料理をベースにした、海鮮中心の中国料理。
★新橋店　東山区大和大路新橋上ル元吉町 71-7
☏075-531-6616
[営] 11:30 〜 14:30（L.O.）、17:00 〜 21:30（L.O.）
[休] 第 3 月曜（祝日の場合は翌日）
[カード] ほぼすべて可
＊祇園店　東山区祇園町南側 570-120
☏075-531-2357

「宮脇賣扇庵」
みやわきばいせんあん
★ p.82　地図 p.127　ん-A2
男性用（蛍、河童）は 2000 円、女性用（あじさい）は 2500 円。これらが最低価格帯、いわば扇子の入門商品ともいえるもので、取り扱う扇の絵柄・意匠は 1000 種以上に及ぶ。文政 6 年（1823）、近江屋新兵衛として創業。明治時代に富岡鉄斎の命名で「賣扇庵」と改名。
★中京区六角通富小路西入ル
☏075-221-0181
[営] 9:30 〜 18:00（夏季は〜 19:00）
[休] 12 月 30 日〜 1 月 3 日
http://www.kyoto-ipage.ne.jp/contents/fashion/basic7/baisenan/baisenan.htm

「いづう」
いづう
★ p.84　地図 p.127　ん-B2
鯖姿寿司 1/2 本 2100 円、一本 4200 円。明石鯛寿司一本 5400 円。鱧姿寿司一本 1 万 5000 円（6 月〜 9 月）。いずれもおみやげの値段。店内で食事の場合は別料金（要問い合わせ）。天明元年（1781）創業。初代、いづみや卯兵衛の初文字をとって屋号とした。
★東山区八坂新地清本町 367
☏075-561-0751
[営] 11:00 〜 22:30（L.O.）
＊お土産の渡しは 8:00 〜（要予約、インターホンで受け付け、定休日の火曜は〜 15:00）
[休] 火曜
[カード] 不可
＊鯖姿寿司は髙島屋京都店、大丸京都店、ジェイアール京都伊勢丹でも取り扱う。

「桜田」（御料理 桜田）
さくらだ
★ p.98　地図 p.127　ん-A3
写真は昼膳 5000 円の料理より。昼膳はほかに 7000 円、1 万円、1 万 3000 円、1 万 5000 円。夜は 1 万円、1 万 3000 円、1 万 5000 円、1 万 8000 円。要予約。独自の感性を盛り込んだ主人・桜田五十鈴さんの端正な献立が特徴の日本料理。
★下京区烏丸仏光寺東入ル一筋下ル匂天神町 634-3
☎075-371-2552
[営] 11:30 ～ 13:30（L.O.）、17:00 ～ 19:30（L.O.）
[休] 火曜
[カード] 不可

「阪川」（四季宴 ぎおん阪川）
さかがわ
★ p.100　地図 p.127　ん-B3
鱧しゃぶ（スープ、雑炊付き）5000 円。写真の松茸入りの場合は別料金。旬の食材を好みの料理法で食べるカウンター割烹の妙味が堪能できる店。コース 1 万円～。昼は 4 名以上の予約に限り営業、コース 5000 円～。
★東山区祇園町南側 507-199
☎075-532-2801
[営] 17:00 ～ 22:00
[休] 日曜
[カード] ほぼすべて可

「花吉兆」
はなきっちょう
★ p.102　地図 p.127　ん-B2
夜のおすすめミニ会席 6000 円。おまかせ会席 1 万円～ 2 万 5000 円。昼はお得な吉兆御好み昼膳（天ぷら膳、鶏すき膳、鰻膳から選択）3000 円がある。京都吉兆 5 店のうちの一店。
★東山区大和大路四条下ル
☎075-531-1500
[営] 11:30 ～ 14:00（L.O.）、17:00 ～ 20:30（L.O.）
[休] 不定休
http://www.kitcho.com/kyoto/tenpo/hana.htm

「ぎをん まんざら」
ぎをん まんざら
★ p.92　地図 p.127　ん-B2
写真はおばんざいの焚き合わせ 950 円。「ぎをんまんざら」は京のおばんざいを基本にした、落ち着いた雰囲気の居酒屋。おすすめのおまかせ料理は 4000 円～（先付け、焚き合わせ、造り、季節の焼き魚、天ぷらなど全 12 品、4000 円の場合）。たこのやわらか煮 800 円、えび芋まんじゅう 800 円などアラカルトメニューもあり。
★東山区祇園町南側 570-128
☎075-532-3619
[営] 17:00 ～ 23:30（L.O.）
[休] 無休
[カード] ほぼすべて可
http://www.manzara.co.jp/
＊まんざら本店　中京区河原町通夷川上ル指物町 321　☎075-253-1558

「なかひがし」（草喰 なかひがし）
なかひがし
★ p.94　地図 p.126　ね-C3
写真はコースの最初に出される八寸。昼のコース 4000 円、5000 円、6000 円。夜のコース 8000 円～ 1 万 5000 円。お竈（くど）さんで炊いたご飯とめざしがメイン、山野草を使った独自の草喰料理を供する店。要予約。予約受け付けは 1 カ月前から。
★左京区浄土寺石橋町 32-3
☎075-752-3500
[営] 12:00 ～ 13:00（入店締め切り）　18:00 ～ 19:00（入店締め切り）
[休] 月曜、ほかに不定休あり
[カード] 不可

「辻留」（懐石 辻留）
つじとめ
★ p.96　地図 p.127　ん-B2
弁当 5000 円。要予約。店頭にて受け渡し（数がまとまる場合は配達も可）。ただし 1 月（～ 20 日）、7 月、8 月は休み。平晴彦さんが仕切る京都店は出張料理専門。京都宝ケ池プリンスホテル（☎075-712-1111）の茶寮では 2 名以上の予約で料理を供する。
★東山区三条大橋東入ル 3 丁目
☎075-771-1718
[休] 1 月 1 日～ 4 日
＊弁当はジェイアール京都伊勢丹でも取り扱う。

「よねむら」（レストラン よねむら）
よねむら
★ p.110　地図 p.127　ん-C3
夜のコース1万円。昼のコースは5000円、7000円、9000円。要予約。創意溢れるオーナーシェフ・米村昌泰さんの世界が堪能できる。カウンター席とテーブル席がある。
★東山区八坂鳥居前下ル清井町 481-1
☎ 075-533-6699
［営］12:00 ～ 13:00（L.O.）、17:00 ～ 20:30（L.O.）
［休］火曜、月1回水曜
［カード］不可

「千ひろ」（割烹 千ひろ）
ちひろ
★ p.112　地図 p.127　ん-B2
写真は鯛頭蒸し。夕食1万8000円の一品としてお椀のあとに供される（鯛の中骨焼きのことが多い）。1万2000円、1万5000円もあり。昼夜同料金。昼は前日までに要予約。夜も予約したほうがよい。
★東山区祇園町北側 279-8
☎ 075-561-6790
［営］12:00 ～ 13:00（L.O.）、17:00 ～ 20:30（L.O.）
［休］日曜（4月、11月は営業）
［カード］ほぼすべて可

「賀茂川」の飛び石
★ p.114　地図 p.126　だ-B1
府立植物園の近く、北山大橋と北大路橋の中間くらいの場所。

「開化堂」
かいかどう
★ p.104　地図 p.127　ん-B3
写真手前はブリキの茶筒6000円（100g用）、奥が銅平型8000円（200g用）。気密性に優れた押込中蓋付銅平型9500円（200g用）や旅先に持参するのに便利な携帯用銅8000円（30g用）などもある。使い込むうちに変色していくのが魅力で、明治時代につくられた茶筒を使い続けている家庭もあるほど。茶筒の修理も受け付けている。明治8年（1875）創業。
★下京区河原町六条東入ル梅湊町
☎ 075-351-5788
［営］9:00 ～ 18:00
［休］日曜、祝日
＊有次、髙島屋京都店6階マピエス売り場でも取り扱う。

「忘吾」（割烹 忘吾）
ぼあ
★ p.106　地図 p.127　ん-B2
おまかせコース6800円。全容は写真でご覧いただいたとおり（内容は日替わり）。毎日黒板に書き出される旬の一品料理は800円程度～。
★中京区木屋町三条上ル
☎ 075-213-0554
［営］17:00 ～ 23:00
［休］月曜
［カード］ほぼすべて可

「丸梅」
まるうめ
★ p.108　地図 p.127　ん-B3
一席7000円～。簡単なつまみ（乾き物）とお酒（水割り、焼酎、冷酒）。要紹介。
★東山区祇園町南側八部 570-120
☎ 075-525-0013
［営］20:00 ～ 24:00
［休］日曜、祝日

「宿」の値段

「田舎亭」
いなかてい
★ p.116　地図 p.127　ん-C3

117ページの写真は、朝食（左上）、石塀小路に面した外観（右上）、客室（左下）、玄関（右下）。片泊まり（1泊朝食付き）8500円～（1人の場合1万円～）。金・土・日曜は1万円～（1人の場合1万2000円～）。いずれも税別、サービス料込み。5室。
★東山区祇園下河原石塀小路463
☎075-561-3059
チェックイン／17:00　チェックアウト／10:00
[カード] 不可

「御宿にわ」
おやどにわ
★ p.118　地図 p.127　ん-A3

119ページの写真は、人気が高い吹き抜けのあるメゾネットの部屋（左上）、夕食の一品（右上）、朝食一式（下）。1泊2食付き8500円、1泊朝食付き7500円、休前日も同じ。1人の場合はともにプラス1000円。8室。
★下京区東本願寺菊ノ門前
☎075-351-1808
チェックイン／16:00　チェックアウト／10:00
[カード] 不可
http://www.terra.dti.ne.jp/~niwa/

「要庵 西富家」
かなめあん にしとみや
★ p.120　地図 p.127　ん-A2

122ページの写真は、客室に隣接する書斎（左上）と客室（右上、下）。123ページの写真は、畳敷きの通路（左上）、高野槙の風呂（右上）、夜の食事から3品（下）。夜泊まり2万7000円、1泊2食付き3万円～5万円、休前日も同じ。10室。日本酒、ワインの品揃えが充実している。食事のみの利用可、昼食7000円～、夕食1万2000円～。
★中京区富小路通六角下ル
☎075-211-2411
チェックイン／14:00　チェックアウト／11:00
[カード] ほぼすべて可
http://www.kanamean.co.jp/

文　柏井 壽

写真　ハリー中西

企画　柏井 壽＋神田久幸

AD・デザイン　矢崎 進＋畑中 亨 (yahhos)

編集　神田久幸

プリンティングディレクター　野口啓一

地図製作　地図屋もりそん

校正　ザッツ

京都の値段

発行　二〇〇三年五月二日　第一刷

柏井 壽　かしわい ひさし

一九五二年京都市生まれ、京都育ちのエッセイスト。現在、京都市北区で歯科医院を開業。著書に『草を呉む』(プレジデント社)、『京料理の迷宮』『極みの日本旅館』(共に光文社新書)。テレビ朝日系列の旅番組「旅の香り時の遊び」の旅監修も担当。

ハリー中西　はりー なかにし

一九五九年京都市生まれ。京都市中京区在住。料理撮影を中心に雑誌等で活躍中のカメラマン。ラーメン好き、酒好きとしても知られ、食べるように撮る料理写真には定評がある。西に東に、昼に夜に、撮り食べ続けている。

発行人　綿引好夫
発行所　株式会社プレジデント社
　　　　東京都千代田区平河町二—一三—一一
　　　　ブリヂストン平河町ビル　〒一〇二—八六四一
　　　　☎〇三—三二三七—三七三一（編集）
　　　　☎〇三—三二三七—三七三一（販売）
　　　　振替〇〇一八〇—七—三五六〇七
　　　　http://www.president.co.jp

印刷・製本　凸版印刷株式会社

本書の内容を無断で転載・複写・放送することを禁じます。
落丁・乱丁本はお取り替えいたします。
定価はカバーに表示してあります。

©Hisashi Kashiwai, Harry Nakanishi 2003, Printed in Japan
ISBN4-8334-1782-0 C0095

「プレジデント社」の『草を食む』

草を食む
京都「なかひがし」の四季

5000円

京都でいちばん予約がとりにくい日本料理店「草食 なかひがし」の料理世界を描出した本。

文 柏井 壽
写真 菅 洋志

プレジデント社
☎03・3237・3731（販売）
http://www.president.co.jp/